AVENTURES DE GUERRE

RÉCITS DE SOLDATS

RECUEILLIS ET PUBLIÉS

PAR

FRÉDÉRIC MASSON

BOUSSOD, VALADON & Cⁱᵉ

AVENTURES DE GUERRE

1792-1809

Copyright 1894 by Boussod, Valadon & Co

1792-1809

AVENTURES DE GUERRE

SOUVENIRS ET RÉCITS DE SOLDATS

RECUEILLIS ET PUBLIÉS

PAR

FRÉDÉRIC MASSON

ILLUSTRÉS PAR F. DE MYRBACH

PARIS

BOUSSOD, VALADON & CIE

24, BOULEVARD DES CAPUCINES

INTRODUCTION

Pour mettre en son plein jour l'épopée dont nos pères furent, durant vingt années, à la fois les auteurs et les acteurs, les histoires didactiques ne suffisent point. Si soigneusement composées qu'elles soient, si nourries de documents, si appuyées sur les textes officiels, il y manque l'accent de nature que seuls les témoins apportent en leurs récits ; il y manque la vie — et peut-être plus encore le sentiment contemporain. Elles sont *arrangées* parce qu'elles sont faites sur des pièces *arrangées*. Ces rapports impersonnels, ces dépêches hiérarchiques où l'on s'imagine trouver une part d'autant plus grande de vérité que leurs auteurs y ont apporté plus d'appareil et y ont moins laissé paraître de leurs propres impressions, ne sont d'ordinaire que pour tromper la postérité : au temps même où elles ont été rédigées, ne devaient-elles pas d'abord déguiser les fautes et couvrir les revers? Même sincères, elles visaient à la sécheresse et poursuivaient un intérêt politique ou personnel. Écrivant sur ces pièces, les historiens atténuent encore la part, déjà infime, de vie qu'elles contenaient. Absorbés par l'étude des faits et leur succession, ils laissent de côté les épisodes individuels qui seuls révèlent les hommes et dévoilent leurs caractères. Or c'est là ce qui nous importe. Établir comment un événement s'est produit, par quelles causes il a été déterminé, de quelles conséquences il a été suivi, c'est sans doute une des fonctions de l'histoire, mais un événement est si souvent un accident, les hommes, d'ordinaire, ont pesé si peu sur la façon dont il s'est accompli, les résultats qu'ils en ont tiré ont été si différents de ceux qu'on pouvait en attendre, l'événement, en soi, à mesure qu'il s'est éloigné dans le temps, a acquis une importance si relative et perdu à ce point l'aspect qu'on lui donnait au moment où il s'est placé, que ce n'est point tant le fait qu'il faut connaître que la façon dont les contemporains l'ont envisagé. Quel a été, devant ce fait, leur attitude ; quels actes il leur a suggéré ; en quel état d'âme la fortune bonne ou mauvaise les a trouvés ; quelle forme ont prise leurs pensées ; puis, au milieu des événements se succédant, quels mobiles les ont fait agir, quelles passions, quels rêves, voilà ce qui réellement intéresse les descendants et vaut la peine qu'ils le recherchent.

Qui peut en rendre compte sinon ceux qui ont été directement impressionnés par les faits, qui ont vécu au milieu des événements et en ont reçu le choc? et, pour que l'impression qu'ils ont ressentie et qu'ils traduisent soit conforme à celle de la masse de leurs contemporains, ne faut-il pas qu'euxmêmes sortent de la masse? Les généraux, les officiers d'importance, ceux qui ont assumé une responsabilité, qui se flattent d'avoir eu une influence sur les faits, cherchent à se mettre en vue, à se donner un rôle ; ils défendent ou ils accusent ; ils n'ont pas le loisir de raconter leurs sensations, et d'ailleurs leurs sensations seraient individuelles, elles seraient conséquentes au rôle qu'ils s'attribuent.

Ce sont les voix de la foule qu'il faut entendre, les voix anonymes et confuses qui racontent, des faits, ce que la foule en a su, ce qu'elle y a compris, le souvenir qu'elle en garde. Les officiers subalternes, les sousofficiers et les soldats, voilà les témoins qu'il faut citer. D'une bataille, ce qu'ils ont vu est peu de chose : à peine ce qui s'est passé dans le rayon de leurs regards. Ils ne cherchent point les combinaisons stratégiques, et c'est le mieux, car la plupart n'y connaissent rien. Ils racontent ce qu'a fait leur compagnie ou leur escouade et, dans l'action générale, quelque importance qu'ils cherchent à se donner, cela compte peu. De leurs paroles, l'histoire — ce qu'on appelle la Grande histoire — n'a guère souci. Mais la Petite et de Sambre-et-Meuse; on voudrait connaître la vie de cet admirable Coutelle, dont on ignore la destinée, et recueillir plus de détails sur Conté, un homme de génie dont Monge disait qu'il avait toutes les sciences dans la tête et tous les arts dans la main. Un des aérostats, celui qui fut pris à Wurtzbourg en Franconie, dans la retraite de Jourdan, est conservé à l'arsenal de Vienne, et M. de Myrbach a pu longuement l'y étudier. Un autre servit, dit-on, aux expériences de Biot et de Gay-Lussac; un troisième (celui de Fleurus, dit-on) fut acheté par Robertson en 1802, au moment où l'établissement aérostatique, déjà très menacé en l'an V, chassé de Meudon en l'an VI, réuni en l'an VIII à l'école du Génie de Metz, fut définitivement dissous; mais tout cela manque de précision et devra faire l'objet d'une étude particulière, à laquelle les souvenirs de M. de Beauchamp pourront fournir les détails piquants pris sur nature.

Sans contredit, l'épisode des aérostiers est des plus étranges : il montre pour la première fois les savants sur le champ de bataille; leur intrépidité calme et froide, leur impassibilité sous le feu, cette forme nouvelle qu'ils apportent à l'art de la guerre présentent un intérêt singulier, mais le rôle qu'ils ont joué est, en réalité, assez restreint et si, par les aérostats, ils ont, surtout à Fleurus, frappé les imaginations, on ne peut dire que les effets qu'ils ont obtenus aient été en proportion de ceux qu'on attendait d'un emploi raisonné de la découverte de Montgolfier. Il a fallu un siècle pour qu'on parvînt à en tirer les conséquences : encore, ne peut-on dire quel sera, dans la tactique moderne le rôle qui sera réservé aux aérostats, s'ils resteront captifs ou s'ils deviendront dirigeables, s'ils serviront uniquement aux observations ou s'ils se transformeront en engins de guerre. Ce qu'il faut affirmer ici, c'est que, cette voie comme toutes les autres, c'est la France qui l'a ouverte : ce qu'il faut montrer, c'est la façon dont les savants français, sans nulle préparation ni nulle vocation militaire, ont su tenir leur place dans les combats des guerres de l'Indépendance, à ce point absorbés par leurs travaux que la mort ne comptait point pour eux.

Savant, M. Camus de Richemont l'était aussi : officier du génie des plus éminents, il est devenu général de brigade et grand officier de la Légion d'honneur ; il a été plusieurs fois appelé par ses concitoyens du département de l'Allier à les représenter à la Chambre des représentants et à la Chambre des députés ; il a été gouverneur de l'école de Saint-Cyr en 1814 et en 1830 ; il a joué un rôle des plus importants dans la défense de Dantzig et sa vie est pleine d'actions d'éclat ; mais, sans l'épisode de Nicopolis qui suffit à l'immortaliser, peut-être son nom ne serait-il pas plus célèbre que celui de tant de héros ses compagnons d'armes. Cet épisode, M. le baron de Richemont l'a raconté dans des *mémoires* d'une curiosité infinie, imprimés seulement à quelques exemplaires et non livrés à la publicité. Il vaut d'être sorti de l'ombre, car, s'il peut à première vue paraître fabuleux, il est rigoureusement vrai. Dès l'an IX, le fait d'armes de Richemont avait été recueilli par le commandant Vallongne dans une brochure malheureusement très rare. En l'an XIII, Bellaire dans le *précis des opérations générales de la division Française du Levant* racontait le combat de Nicopolis de la même façon que Richemont et consacrait aux exploits de cet officier les pages 400 et 401 de son livre. Les rédacteurs de *Victoires et Conquêtes* (t. x, p. 439) ; Pouqueville dans son *histoire de la régénération de la Grèce* (t. i, p. 127 et suiv.) ; M. Saint-Marc Girardin (*Revue des Deux-Mondes*, 15 juillet 1858) ; le comte Ermanno Lunzi dans *Storia delle Isole Jonie, etc.* (Venezia 1860, in-8°, p. 151 et suiv.) ont tous adopté, après enquêtes, des versions analogues : mais nulle ne vaut le récit de Richemont. Nulle n'a cette puissance, cette couleur, cette sincérité, Nicopolis est un désastre — Lord Byron a chanté ceux qui l'avaient infligé à nos armes (*Pèlerinage de Childe-Harold*. Ch. ii, str. lxxii. 8) — mais des désastres comme celui-ci enorgueillissent une nation. Il y a de Léonidas dans ces soldats de la République, et ils sont morts eux aussi pour obéir aux lois de leur patrie.

Point d'héroïsme, nulle littérature, et aucune action qui soit personnelle et sonne en fanfare dans le récit suivant : mais c'est Marengo. Celui qui en rend compte est un simple grenadier à cheval de la Garde des Consuls qui, dès l'an IX, publia à Paris sa petite brochure : *Marengo, ou campagne d'Italie par l'armée de réserve* ; mais Joseph Petit est honnête homme, plein de franchise et de netteté, et s'il ne s'embarrasse point de phrases qu'il ne saurait tourner, il sait voir et regarder. Son récit a des qualités rares, surtout après qu'on en a rajusté les membres un peu dispersés; car, dans le texte original, plusieurs des faits intéressants se trouvent perdus dans une sorte d'appendice. C'est bien ainsi que doivent parler les grenadiers du Consul, *les gros pères*. Cela a le sérieux et l'applomb qu'ils mettaient dans leurs charges; nulle plaisanterie, point de phrases à effet, mais une bonne foi qui émeut et une naïveté qui ravit.

De même acabit est Sibelet qui raconte ensuite Austerlitz et la campagne de 1805 contre les Russes. Ici le témoignage est inédit. M. Georges Bertin, un des membres les plus zélés et les plus érudits de la *Sabretache* a bien voulu m'autoriser à publier un fragment de ce journal, découvert par lui à Ferney, et dont M. le général Vanson a donné de son côté quelques extraits dans le *Carnet de la Sabretache*. Sibelet, né, semble-t-il, au Grand-Sacconex, s'engage très jeune au régiment de Foix, le 4 janvier 1781, est congédié par grâce en 1783, réengage en mars 1785 au même régiment, y obtient ses premiers galons en 1791, et y est promu successivement maréchal des logis (1er avril 1793), sous-lieutenant (11 août 1793), lieutenant (30 juin 1804), adjudant major (11 décembre 1805), capitaine (22 novembre 1806) y est nommé membre de la Légion (14 mars 1806), et y est décoré de l'aigle d'or (15 juin 1809). Retraité peu après (18 septembre 1809), il rentre au service le 9 août 1812 comme capitaine dans la 25e cohorte, passe avec son grade, en 1813, au 145e de ligne et est enfin retraité définitivement le 15 novembre 1813. Il a fait avec le régiment de Foix les campagnes dites de Genève en 1781 et 1782, avec le 11e chasseurs toutes les campagnes depuis 1792 jusqu'en 1809, avec le 145e les campagnes de 1812 et de 1813. Au déblocus de Maubeuge, en 1793, il prend un canon et fait des prisonniers à l'ennemi; à Fleurus, il dégage au péril de sa vie son colonel; à Spire, en l'an II, encore une action d'éclat; en l'an IV, il fait tête, lui seul, à onze hussards ennemis et quoique blessé à la tête, en blesse cinq et délivre cinq de ses camarades qu'ils emmenaient. Il a sur son corps huit blessures, dont la dernière, reçue à Bautzen (un coup de biscaïen qui lui fracture la cuisse droite), le rend impropre au service.

C'est un brave, avec ses soixante-deux ans onze mois et huit jours de campagne (on sait que les campagnes de Vendémiaire an XIV, de Prusse et d'Hiver comptent séparément), mais ce n'est pas un lettré; il ne voit point le détail et n'en rend pas compte. Ce qu'il cherche, c'est d'abord la géographie et, outre une mémoire topographique singulière, il appelle souvent à son secours quelque dictionnaire ou manuel. Point d'orthographe et une écriture qui a ses difficultés, mais, en ce journal de route (1), avec quelque lourdeur suisse, quelle singulière précision. C'est là que le 11ᵉ chasseurs d'aujourd'hui doit chercher son histoire. Elle est autrement vraie que celle qu'il trouvera dans les documents officiels: Sibelet lui est un ancêtre et de ceux qu'il doit honorer. Sans doute, on ne saurait songer à publier in-extenso son journal, mais en abrégeant ou en supprimant les descriptions qu'il a puisées on ne sait trop où, on aurait un témoignage des plus intéressants et des plus curieux sur les grandes guerres.

Sibelet est un soldat sorti du rang et à grand'peine, sachant au plus écrire et ayant le désir seulement, non le moyen, de s'instruire; Niegolewski est un gentilhomme qui, du premier coup et sans avoir servi, est nommé officier. Il écrit le français comme sa langue maternelle et le récit qu'il donne d'un des faits d'armes les plus étonnants de toute l'Epopée, n'a besoin d'aucune retouche. On s'est simplement borné à en enlever la polémique, à rapprocher les diverses parties dispersées sans trop d'ordre, mais on se serait gardé d'y rien ajouter ou d'en rien retrancher. C'est un chant d'Homère. Ce récit est extrait d'une rare brochure intitulée : *Les Polonais à Somo-Sierra en Espagne en 1808, Rectifications relatives à l'attaque de Somo-Sierra décrite par les*

---

(1) C'est là le vrai titre de ces mémoires : *Journal indicatif des royaumes, provinces, villes, duchés, comtés, marquisats, baronnies, villes impériales, ports de mer, forteresses et à qui appartiennent ces contrées, les fleuves, rivières, montagnes, les villes capitales, leurs principaux commerces, les religions dominantes, les distances des frontières de France des principales villes en lieues communes de France, lieux où se sont données les principales batailles où je me suis trouvé avec le régiment dont j'ai fait partie, ceux de ce régiment qui ont obtenu des récompenses militaires, les dénominations des différentes armées dans lesquelles j'ai fait la guerre, sous les ordres de quels généraux et chefs de division et de brigade; curiosités extraordinaires qui se trouvent dans les pays que j'ai parcourus, etc., etc.*

Le manuscrit entièrement autographe forme un volume in-4° de 396 pages et se termine par une prière à l'Être Suprême et une série de tables très complètes.

historiens français, suivies des opinions de Napoléon Ier sur la Pologne, émises à Sainte-Hélène(¹). Cette brochure a eu en Pologne plus de retentissement qu'en France, et Niegolewski a joui dans son pays, où il avait atteint le grade de colonel, d'une grande et légitime popularité. En 1814, comme tous ses camarades du 1er régiment de chevau-légers de la Garde, il avait dû passer du service de France au service de Russie. Il était alors lieutenant en premier (rang de capitaine) et légionnaire. S'il a laissé d'autres *souvenirs* de sa carrière militaire, il serait bien désirable qu'ils fussent publiés pour l'honneur de ces admirables soldats, nos seuls alliés fidèles, nos compagnons de gloire et de douleur, dont à présent il semble que, en France, on oublie vraiment par trop l'histoire.

Tout différent est le septième personnage dont j'ai recueilli la déposition. Philippe-René Girault, dont les souvenirs(²) ont été imprimés à cent exemplaires par les soins de son fils, M. Charles Girault, n'est point un héros, ni même un combattant, c'est un musicien. Son métier n'est point de guerroyer lui-même, mais de soutenir la valeur des guerriers, de célébrer leurs triomphes et de consoler leurs revers en leur jouant sur la clarinette des airs tendres et variés. Nul comme Girault pour prendre au sérieux sa mission. Peu lui importe que ses compagnons disparaissent et qu'il se trouve seul avec la grosse caisse ; on lui commande de jouer son morceau, il l'exécute intrépidement et s'applaudit modestement de l'effet qu'il produit. Pour l'intrépidité, c'est à peu près tout. Ce nourrisson des muses n'a point envie de se faire crever la peau, mais il est bonhomme et s'emploie avec un zèle sans égal à soigner les blessés : il est débrouillard, et on le serait à moins, car, de 1791, où il s'est engagé comme musicien-gagiste dans le régiment du Perche, à 1809, où on le trouve musicien au 93e de ligne, il a traversé, toujours en même qualité, le 6e bataillon de la Haute-Saône, le 5e hussards et le 90e d'infanterie.

C'est pour cette pitié, qui va jusqu'au dévouement, que Girault mérite de trouver place auprès des soldats — car lui-même n'est point un soldat. Il est un exemplaire très rare d'un type disparu des armées modernes, un non-

(1) *Paris, Dumineray, 1854.* In-8°. Une seconde édition a paru en 1855.
(2) *Mes Campagnes sous la République et l'Empire*, par Ph. René Girault. La Rochelle, 1884, in-4°.

combattant qui n'est point engagé sous le drapeau, et pourtant suit le régiment et fait campagne ; une sorte d'amuseur payé par l'Etat-major pour distraire les soldats et donner au régiment un air de luxe, mais qui ne se sait guère de patrie, passe d'un service à l'autre selon la solde, et joue alternativement pour le Roi de Prusse et pour l'Empereur des Français comme le chef de musique du 20ᵉ chasseurs dont Parquin a raconté les histoires. De souvenirs de musiciens accompagnant les armées, on n'en connait guère en dehors de ceux-ci et de ceux de Brun-Lavainne, et pourtant c'est là qu'il faut chercher la dernière survivance de la *suite d'armée*, si l'on peut dire, où se mélange étrangement le civil au militaire et où se recrutent dans la victoire les pires pillards, dans les retraites les pires traînards, toujours les fricoteurs. Girault, par exception et grâce spéciale, se contente à peu de frais, est honnête homme et garde ses indignations entières. Comme spectateur, non comme acteur, il vaut qu'on l'écoute et ce qu'il rapporte des soldats est encore plus frappant puisque lui-même ne cherche ni à se mettre en vue, ni à s'attribuer des gloires.

Ainsi, un garçon de café, devenu par le hasard des temps soldat d'infanterie et parvenu après huit ans de guerre au grade de sergent; un jeune gentilhomme de bonne maison égaré d'abord dans la cavalerie révolutionnaire, puis engagé dans un corps spécial, le plus étrange des corps qu'on ait employés durant les grandes guerres ; un officier de carrière, des armes savantes, mais pris tout à ses débuts en un épisode où lui seul a survécu à une petite armée ; un cavalier de la Garde des consuls, paysan ou ouvrier d'origine ; un autre cavalier, sorti du bas peuple et, à force d'audace, de persévérance et de bonne conduite, passé à la fin capitaine; un homme de race noble et presque illustre, nommé sous-lieutenant sans avoir jamais servi et mis pour ses débuts en présence du gouffre, face à la mort ; un musicien quelconque, à peine soldat, bien plutôt artiste, et regardant les désastres avec ce détachement d'un homme payé pour jouer des airs durant que les autres se battent, voilà les témoins dont, au hasard presque des lectures et des rencontres, on recueille ici les dires. Ils sont l'expression même de l'armée, l'expression même de la nation.

Ils n'ont point été appelés, ni choisis dans un intérêt politique; pas même dans un intérêt scientifique. Ils viennent de l'ombre et rentrent dans l'ombre: ce sont des passants qui s'arrêtent un instant ici pour raconter ce qu'ils ont fait et ce qu'ils ont pensé. Ils sont la masse et la foule. Ils parlent comme eussent parlé deux millions d'hommes. Eh bien! de ces paroles confuses, de ces récits parfois heurtés, étranges et incorrects, va jaillir l'idée la plus haute qu'un peuple ait donnée de lui-même. On verra, au-dessus de ces hommes, divers par l'éducation et la langue autant que par l'origine et l'uniforme, planer l'image sacrée de la Patrie. On les verra, disparates par l'habit et semblables par l'âme, mépriser la mort de même façon, avec une fierté pareille et un aussi généreux dédain. Soldats de la République et soldats de l'Empereur, ils ont le même idéal, la grandeur de la France et sa gloire. Et cette religion, dont ils sont les apôtres, ils l'affirment en donnant leur vie. Les anciens élevaient des autels aux dieux inconnus. Ce livre est dédié aux héros ignorés. Puisse-t-il au cœur des neveux échauffer un peu du sang qui battait au cœur des ancêtres.

UN VOLONTAIRE DE 1792

D'APRÈS LES MÉMOIRES DE JEAN-FRANÇOIS GODARD

SOLDAT AU 7ᵉ BATAILLON DES FÉDÉRÉS NATIONAUX

Après la mort de mon père, ma mère ne pouvant rester seule dans son commerce, retint près d'elle mon frère, et moi je pris le parti d'entrer, en attendant mieux, dans une forte maison de restaurant, peu loin de la rue de Richelieu. J'y suis resté près de quinze mois pendant lesquels j'ai su mériter l'estime et la confiance de M. et Madame G***. Les choses les plus importantes m'étaient confiées et j'avais la suprématie sur quatorze ou quinze personnes aussi employées dans cette forte maison, l'hôtel des Ambassadeurs. Je n'ai point goûté long-temps cette heureuse situation, car quoique je fusse regardé plutôt comme l'enfant né que comme un étranger, il était écrit sans doute que je devais parcourir une carrière longue et épineuse.

Dans cette même maison était aussi employé dans le service des salles un sieur H*** avec lequel je m'étais lié intimement, quoiqu'il fût plus âgé que moi. Ses manières affables subjuguèrent mon cœur facile, et il sut mériter mon amitié. Il était comme moi d'une honnête famille et était très estimé de M. et Madame G***. La Révolution lui plaisait assez. Il aimait à voir les régiments en mouvement dans

Paris, ainsi que cette belle garde nationale. Dans nos jours de promenade, nous nous rendions souvent aux Tuileries ainsi que dans les divers lieux où se réunissaient les troupes pour les fêtes publiques. Nous avions les mêmes goûts. C'était précisément l'année 1792 : la guerre à cette époque avait commencé ; la Patrie avait été déclarée en danger. Des théâtres furent dressés dans toutes les sections pour y recevoir les enrôlements de Français de tout âge. Mon ami H*** voulant exécuter le projet qu'il méditait depuis longtemps, résolut de s'enrôler. Il me communiqua ses intentions en m'engageant à le suivre. J'aimais trop ce dangereux ami pour m'en séparer, et sans réfléchir plus longtemps, sans consulter ma bonne mère, laquelle m'aurait sans doute retenu, je courus avec H*** contracter mon engagement sur la place des Italiens. Je le signai au milieu du bruit des tambours et des cris multipliés de : Vive la Nation.

Huit jours après mon enrôlement, je croyais déjà que la Patrie avait oublié ses chers défenseurs, mais H***, qui durant cette semaine avait été tous les jours à la place Royale pour presser notre départ, vint m'avertir qu'il fallait que je me disposasse sans délai pour le lendemain matin. Je n'avais que le temps nécessaire pour préparer mes petits effets. Je réglai de suite mon compte avec M. G***. Je reçus de ce vertueux couple les plus tendres embrassements. Combien d'efforts n'ont-ils pas faits pour que je restasse près d'eux ! mais leurs exhortations, que je n'ai pas oubliées, ne changèrent point ma détermination, et, pressé par H***, je me rendis avec lui à la place Royale, notre lieu de rendez-vous.

Des milliers d'hommes, de toutes classes et professions, enrôlés comme nous, s'étaient réunis sur la place. Plusieurs d'entre eux annonçaient, par leur figure et leurs vêtements, que la misère et d'autres circonstances les obligeaient de quitter Paris. J'avoue franchement qu'une semblable société me faisait impression. H***, qui avait plus de jugement que moi, qui m'était supérieur également en fait d'intrigue et qui ne se faisait soldat que pour attraper une épaulette, s'attacha fortement à pérorer dans le milieu d'une bande joyeuse prête à partir. Ce fut le 25 juillet, le deuxième anniversaire de la mort de mon malheureux père, à sept heures du matin, qu'un agent national remit notre ordre de départ pour Soissons à un grand va-nu-pieds, le plus bavard de la bande. Ne voulant point traverser Paris en cette honorable compagnie, je lui laissai prendre l'avance et la suivis assez loin derrière, jusqu'aux barrières où je la rejoignis. Dammartin fut mon premier logement. J'y arrivai bien fatigué, mais comme j'avais le gousset un peu garni d'argent, j'oubliai bien vite ma

L'ENROLEMENT.

(Page 2.)

fatigue avec quelques garçons qui avaient sans doute quitté leurs parents comme
moi et qui me paraissaient de familles honnêtes. Le lendemain matin, pour la première
fois, la caisse nous rappela, et nous nous rendîmes à Crépy-en-Valois. On se doute
bien qu'il n'y avait pas grand ordre dans notre marche, aussi arrivions-nous les uns

après les autres. Le 27 de juillet, nous fûmes à Soissons. La ville était encombrée de
volontaires fédérés qui y arrivaient de tous les points de la France. Deux jours après,
des commissaires eurent l'ordre de former nos masses en plusieurs bataillons. A cet
effet, nous nous rendîmes, le 29 juillet, dans le jardin du Gouvernement où nous fûmes
formés en 5e, 6e et 7e bataillons des fédérés nationaux. Comme l'on suivait l'ordre des
détachements, je fus classé comme soldat dans le 7e. Les officiers, chef de bataillon,
capitaines et lieutenants furent nommés par ces bandes, lesquelles choisissaient ceux
qui avaient le plus de langue et de soldatesque. Je dois dire que j'avais été remarqué
et que je fus nommé sergent-major, mais ne connaissant pas plus cet emploi que
celui de caporal, étant d'ailleurs occupé à me récréer sur les derrières de l'assemblée,
je fus avisé par un vieux singe qui, s'apercevant de mon jeune âge et de ma distrac-
tion, résolut de me desservir pour obtenir ma charge : il allégua que j'étais trop

jeune et sans expérience, et quelques minutes après, plusieurs de mes jeunes camarades vinrent me prévenir que je n'étais plus sergent-major et qu'un autre m'avait soufflé le pion. J'avoue franchement que ma surprise ne fut pas grande, car je ne m'en dérangeai point. H*** fut fait sous-lieutenant. Il eut la complaisance de me qualifier de parent et même de cousin germain, ce qui ne m'a pas nui dans diverses circonstances.

Nous voilà en bataillon, ayant pour capitaine M. C***, homme estimable et d'une honnête famille de Riom en Auvergne. Il ne nous manquait donc plus, à nous que l'uniforme et l'armement, et à nos officiers, pour se faire respecter, que l'épaulette et l'épée. Cela demanda quelque temps ; mais, comme Soissons était fatigué de logements, nos trois bataillons eurent ordre de se rendre à La Fère. J'en fus bien heureux, car La Fère n'était pas loin de Genlis où j'avais été élevé, et j'espérais bien aller embrasser ma bonne tante, mon oncle, ma cousine et tous mes amis.

Le bataillon en marche, sans tambours ni trompettes, les officiers voulurent se signaler en établissant un peu d'ordre dans nos rangs, et nous arrivâmes à La Fère assez fatigués. Les deux grands quartiers nous furent délivrés, et comme nous étions casernés, les officiers entendus formèrent les escouades. Je fus bien forcé de me choisir un camarade de lit, car mon heureux cousin m'avait quitté et faisait le glorieux dans la ville, en fraternisant avec le corps d'officiers. C'est là que j'eus du dépit d'avoir perdu la charge de sergent-major, mais il n'y avait plus à réclamer. J'eus, pour me consoler, une permission de douze jours pour me rendre à Genlis qui n'est qu'à trois lieues de La Fère. Je courus chez ma bonne tante qui fut bien surprise de ma visite, et encore plus lorsqu'elle apprit que j'étais soldat. Toute la journée, ce ne fut que visites et invitations qu'il m'aurait été difficile de remplir, vu le peu de temps que j'avais à me retourner.

Les douze jours s'écoulèrent trop rapidement. Il fallut rejoindre mon poste. Je confesse que j'ai été heureux que le chemin ne fût pas long, car je n'aurais jamais pu regagner ma caserne, tant j'avais le cœur affligé d'être séparé encore une fois des personnes qui m'étaient si chères. A mon arrivée à la compagnie, mes camarades m'entourèrent plutôt pour m'aider à manger le peu d'argent que j'avais que pour me témoigner leur inquiétude de mon absence. Nous vécûmes à La Fère en communauté parfaite six semaines environ, mais, comme la Patrie réclamait nos bras, vu l'entrée des Prussiens dans la Champagne, nous reçûmes l'ordre de nous rendre de suite au camp de Soissons. On disait qu'il était vendu par les ennemis du bien public, mais

BÉNÉDICTION DU DRAPEAU.

(Page 5.)

une de leurs ailes, mais une batterie qu'ils placèrent aux avancées de Saint-Amand,
nous donna du boulet de 7 et de 13 plus que nous n'en désirions. Enfin notre artillerie parvint à les débusquer d'un mamelon, nos feux de file et bientôt la charge
firent le reste. Ainsi, les vieilles moustaches autrichiennes, après trois heures de
salutation un peu hasardeuse, furent forcées de mordre la poussière et de sonner la
retraite sur Orchies et Tournay. Nous avons eu cependant un peu de peine à les faire
déguerpir de Saint-Amand. Leurs tirailleurs nous vomissaient une quantité de balles
qui furent sensibles à quelques-uns de nous : mais notre cavalerie les tourna de la
belle manière, et nous restâmes maîtres du champ de bataille, de leurs avancées, de
trois bouches à feu et de la petite ville de Saint-Amand.

Dans cette journée, j'eus l'honneur et l'avantage d'essayer mon arme pour la
première fois et d'offrir mon sang à ma patrie.

Les Autrichiens s'étaient retirés vers leurs villes frontières, les habitants vinrent
nous remercier d'avoir chassé un ennemi si redoutable. Le général Ferrand, après
avoir garni les avant-postes, rétrograda sur Valenciennes où nous restâmes, fiers de
nos premiers lauriers, jusqu'au 5 novembre que le bataillon fut appelé à cette
fameuse affaire du moulin de Boussu (Jemmapes). Il s'y distingua avec le 18e,
ci-devant Auvergne, et le 1er bataillon de Paris, mais ayant éprouvé des pertes, nous
nous retirâmes vers Saint-Amand pour y relever les avances.

Dans cette ville nous fournissions tous les postes, et, pour être plus à portée de
satisfaire au service de la place, nous étions logés dans l'abbaye. Un jour j'étais de
garde à la porte de Tournay. Un vieil imbécile d'officier, comme il s'en trouvait
beaucoup alors, étant de ronde de jour, après avoir examiné les dehors des avancées
qui étaient tout près des premiers postes de l'ennemi, vint prévenir notre officier
de garde qu'il venait de découvrir une position très avantageuse pour y placer, la
nuit, deux sentinelles perdues ; que, en conséquence, la porte d'Orchies et la nôtre
partageraient le service de cette pose importante, pour observer soi-disant les mouvements de l'ennemi. Le service commença donc à six heures, et, à dix, je fus appelé
avec le numéro suivant pour faire notre heure qui fut assez longue, Dieu merci.

Dans cette saison, où tout était couvert de neige et où les fortes gelées se
faisaient sentir, qu'on se figure deux pauvres diables, placés à cinquante pas l'un de
l'autre, dans deux trous profonds où nous n'avions que la tête à découvert. En face,
nous découvrions les ennemis au milieu de leur bivouac, buvant le schnick. Au cas
d'attaque, nous devions nous retirer sur notre poste, mais comment échapper en cas

de poursuite, puisqu'on avait le plus grand soin de fermer les portes et de relever les
ponts, sitôt la rentrée du caporal de pose. Nous avions pour consigne de faire feu à
la moindre attaque, et nous devions reconnaître notre caporal dans l'obscurité au
signal de deux coups frappés sur le coffret de la giberne. Nous voilà donc à grelotter
de froid tout notre content, ne pouvant seulement faire un pas pour nous réchauffer.
Onze heures sonnent, pas de caporal; minuit, une heure, rien ne bouge. Chaque
sonnerie était annoncée par un beau carillon, mais cela ne nous consolait pas, nous
eûmes le temps de le savourer jusqu'à six heures. Il fallait avoir les foies chauds
pour y résister. La moindre parole, le moindre geste nous auraient fait égorger dans
nos puits. Nous ne pouvions donc, mon camarade et moi, communiquer nos idées.
Cependant, à six heures, comme j'étais las d'attendre et de souffrir, le crépuscule

venant à paraître me
fit découvrir au loin
un paysan, probable-
ment de quelque vil-
lage voisin, qui était,
bâton planté, avec son
âne à attendre l'ou-
verture des avancées.
Je courus à mon com-
pagnon qui avait com-
me moi un nez difficile
à mesurer. Je lui dis
que j'allais prévenir
ce paysan qu'il eût à
jeter quelque pierre
au-dessus du pont
pour avertir la senti-
nelle que nous étions
oubliés et que l'on
avisât à nous relever de suite, car nous étions gelés à notre poste Un quart d'heure
après, un caporal inconnu vint nous déterrer. Il nous apprit que notre bataillon avait
été relevé sans bruit à minuit pour se rendre à Bouchain où il devait déjà être arrivé,
que le chef de poste ne lui ayant pas fait connaître les sentinelles à relever dehors,

il n'aurait pu s'imaginer que nous fussions ainsi postés. Nous nous rendîmes au corps de garde où le caporal nous fit faire place près du poêle, et, après nous être bien chauffés, avoir bu un peu d'eau-de-vie, nous nous mîmes en marche pour rejoindre le bataillon, bien décidés à signaler à l'état-major l'officier imprudent qui avait si mal rempli ses devoirs à notre égard. Nous avions sept lieues à faire, mais la route ne nous parut pas longue tant nous avions le cœur gros de colère. Pourtant arrivés à Bouchain, sollicités par plusieurs officiers, et celui qui nous avait oubliés n'étant pas un mauvais diable, nous avons jeté notre rapport au feu, et notre colonel, homme respectable et estimable, nous en a marqué sa reconnaissance particulière.

Pendant notre séjour à Bouchain où notre bataillon fournissait des postes assez conséquents, Dumouriez remportait sur l'ennemi de grands avantages. Il prenait Mons, Bruxelles et plusieurs villes importantes du Brabant. Notre bataillon fut appelé au siège de Namur sous les ordres du général Valence. La conquête de cette place importante avait quelque chose de si attrayant pour nos jeunes cœurs que nous nous y sommes portés avec zèle et intrépidité. Dans plusieurs circonstances le bataillon, avec le 1ᵉʳ de l'Yonne, le 2ᵉ du Gard, le 14ᵉ régiment ci-devant Forez remporta de grands avantages. Namur fut à nous huit jours avant le château, lequel semblait seul insulter à nos victoires parce que le gouverneur, bon militaire, ayant à sa disposition des munitions de toute espèce, prétendait soutenir les rigueurs d'un bombardement. Le général Valence se vit forcé d'en arriver à cette extrémité. En conséquence, sitôt les batteries achevées et bien couvertes, toutes placées sur les hauteurs du faubourg de Jambles, de l'autre côté de la Meuse, le bombardement commença. Comme nos batteries étaient à la même hauteur que le château, et que le feu était très violent, en peu de jours les magasins furent détruits, les batteries ouvertes et les murs principaux extrêmement endommagés. Le gouverneur fatigué de ses pertes, demanda capitulation et il sortit de son fort délabré avec les honneurs de la guerre. Le général Valence nous laissa en garnison à Namur et donna le commandement de la ville et du château au général d'Harville.

Je ne m'étendrai pas sur les fêtes et les récréations que nous avons eues dans la ville après notre entrée triomphante. Le 14ᵉ régiment prit la garnison du château; le premier de l'Yonne et plusieurs autres troupes eurent le logement dans la ville et pour nous nous demeurâmes pendant trois semaines dans les faubourgs de Jambles et de Plantes, après quoi le logement dans la ville nous fut accordé. Nous y avons été bien accueillis. D'ailleurs, c'est l'usage que le vainqueur toujours craint est

toujours bien traité. Cette courte campagne avait déjà détruit des hommes dans le
bataillon, avait fatigué le reste par des marches, contre-marches et changements
de position, nos habits aussi bien que nos jambes s'en sentaient. Nous sommes

donc restés
chez l'habi-
tant affable,
jusqu'à l'ou-
verture des
quartiers
des Autri-
chiens que
l'on net-
toyait pour
nous rece-
voir, n'ayant
d'autre oc-
cupation
que quel-
ques heures
d'exercice
par jour au
couvent des
Récollets.

Les quar-
tiers pris
nous n'a-
vons pas été
aussi bien. Il fallait se contenter de la pitance journalière. La vermine dont re-
gorgeaient les paillasses de nos prédécesseurs suffisait assez pour nous faire regretter
nos anciens logements, mais enfin, il fallut se contenter dans ce séjour jusque vers
le milieu de février, époque où j'ai été appelé pour faire partie d'un détachement
de cinquante hommes choisis de bonne volonté dans le bataillon.

Je suis obligé de rapporter les circonstances qui ont nécessité la formation de ce
détachement. Le général Dumouriez qui avait poussé ses conquêtes bien avant, faisait

assiéger Maestricht en dérision, car on sait que malgré la bonne volonté des troupes la plus insigne trahison s'en mêla. Précisément à cette époque, le général en chef se retira à Bruxelles et réfléchit sur la consternation des troupes et des habitants du pays depuis la mort du roi Louis XVI, laquelle n'entrait certainement pas dans ses vues.

Je confesse ici que les troupes ont été tellement saisies du sort du Roi qu'elles en murmurèrent hautement : j'ai même vu méconnaître la discipline militaire tant sa chute fit d'impression. C'est donc de cet instant que Dumouriez trahissait sourdement le pays et traitait en secret avec la Maison d'Autriche, laquelle avait convenu avec lui de l'évacuation entière des Pays-Bas. Nos avant-postes ne tardèrent pas à être forcés et l'armée Autrichienne avançait sur tous les points principaux conduite sans doute par la main de notre général en chef. C'est donc à cette époque que le général d'Harville fut inquiet et commanda ce détachement à la tête duquel était le brave capitaine B... Il lui fut donné, outre ses cinquante hommes du bataillon, quinze chasseurs à cheval de Versailles. Notre petite compagnie étant organisée, nous nous sommes rendus à Namèche, petit village à trois lieues de Namur, dans des rochers escarpés et inaccessibles, cerné de bois, et vers l'ennemi. Notre capitaine avait ordre de l'attendre et de désigner ses forces. Il lui était également ordonné de ne pas s'attaquer au nombre et, en cas d'apparition, de se replier sur Champion. Étant arrivés à notre destination, notre occupation fut d'établir différents bivouacs sans feu, et on doit bien penser que, dans cette saison, au milieu d'un hiver rude, nous ne devions pas être fort à notre aise pendant que nous étions ainsi d'observation.

Le général d'Harville, sitôt notre départ, s'empressa de réunir sa division, moindre de six mille hommes, dans laquelle il y avait peu de cavalerie et forma un camp volant sous Champion, près de Namur, crainte de surprise. Pour nous, à Namèche, tous les jours nous faisions des patrouilles et nous nous rendions assez loin pour faire nos découvertes. Un matin, en fouillant un bois très épais, nous avons été salués par plusieurs coups de fusil. Ayant aperçu au loin des troupes Autrichiennes qui paraissaient se reployer et gagner un point de ralliement, nous nous sommes mis en devoir de leur riposter. Nous n'étions que vingt-cinq hommes, dispersés en tirailleurs dans l'épaisseur du bois, et pourtant notre fusillade chassait les Autrichiens à toutes jambes, mais il fut convenu de ne pas trop s'engager. Le capitaine nous réunit à la hâte; nous sommes sortis du bois par des sinuosités difficiles et avons gagné Namèche.

Jusqu'alors les soldats qui n'étaient pas de service restaient dans le village, mais réflexion faite, il a été décidé que tout le détachement serait sur pied et qu'on allait former une grand'garde en entier sur les rochers dominant Namèche. Tout ainsi disposé, une ordonnance fut détachée pour rendre compte au général de la rencontre de l'ennemi, mais comme nous n'avions pas été forcés, notre capitaine lui mandait que si la supériorité l'accablait, il se retirerait dans le meilleur ordre vers le camp. La nuit du dix-septième jour se passa sans que nos sentinelles fussent attaquées, la nuit du dix-huitième jour comme la précédente, à l'exception que nous étions gelés de tous nos membres. La fatigue nous engageant à quelques heures de sommeil, nous nous relevions avec peine, nos vêtements étant retenus par la terre, tant il gelait fort. Ce jour-là, notre découverte rentra plus tôt qu'à l'ordinaire ; elle avait été attaquée : elle avait aperçu au loin plusieurs vedettes et des détachements ennemis. Un semblable rapport, bien soutenu, nous fit redoubler de surveillance. De

suite un poste de quinze hommes fut placé en avant et peu loin du bois qui nous masquait. J'étais de cette avancée importante et aussi de sentinelle de cinq à six heures du matin, lorsque le crépuscule qui n'avait pas encore couvert l'atmosphère, me fit découvrir une belle division autrichienne qui prenait sa direction sur Champion. Pour cette fois, j'ai cru que c'était le terme des services que je devais

rendre à ma patrie. Cependant j'ai eu la témérité, avec une autre sentinelle, d'aller la reconnaître de près et lui cracher au nez les balles de nos fusils. Son état-major, assez fort, admirait constamment notre hardiesse et eut la complaisance d'attendre de notre

importunité quelques autres coups de fusil qu'il eut la patience de nous voir recharger. Nous aurions certainement continué à les insulter si nous n'en eussions été empêchés par un détachement de leurs hussards qui nous poursuivit à toute bride. Heureux pour nous que notre compagnie, qui avait eu le temps de se masquer derrière une haie, les reçut à bras

ouverts avec un feu de file qui en tua plusieurs, ce qui obligea le reste à se reployer. Bientôt après, d'autres détachements nous rechargèrent vigoureusement. Alors, la voie de la retraite nous devint extrêmement nécessaire, et nous la trouvâmes dans la pente tortueuse et difficile de Namèche. Sans cela, aucun de nous n'aurait échappé. Pendant que nous gagnions quelques toises dans les ravins du village, les malheureux hussards étaient restés sur les hauteurs avec chacun un pied de nez, mais, peu d'instants après, nous fûmes assaillis par une grêle de balles que nous adressait leur infanterie, laquelle avait gravi en colonne serrée toutes les positions qui entourent le village et nous chatouillait de la belle manière. Enfin, c'était fait de nous, car leurs tirailleurs mêlaient déjà l'audace au succès, et, sans le 2ᵉ bataillon du Gard qui avait ses deux pièces de campagne placées avantageusement de l'autre côté de la Meuse, notre rapport à faire au général de la rencontre de l'ennemi aurait été court. Notre triste détachement, faisant sa retraite sous les rochers et sur les bords de la rivière, fut bientôt délivré par le secours de ces deux pièces de quatre qui obligèrent leurs colonnes d'abandonner les hauteurs. Nous n'avions donc plus à répondre qu'à leurs tirailleurs, et quant à ceux-ci, nous leur tenions tête en effectuant notre glorieuse retraite. Ce petit déjeuner nous tua trois hommes et en mit quatre hors de combat.

Après deux lieues de retraite, harcelés par des passages difficiles, par les haies et les buissons qu'il faut affranchir en pareille circonstance, nous nous sommes arrêtés dans un village que sa position proche de la Meuse rendait agréable et qui était assez découvert pour y établir un poste de première ligne. En conséquence, après nous être reposés un peu, avant que nos petits postes aient été postés et que la cavalerie ait formé ses piquets d'observation, trente hommes furent choisis pour faire la patrouille, battre les rochers et découvrir les nouvelles positions que l'ennemi s'était assurées, et, certes, je ne fus pas oublié pour cette importante sortie. Nous voici donc à affranchir les rocs les plus difficiles, ayant pour notre guide un scélérat qui se fit bientôt découvrir. Ce misérable, après nous avoir fait faire des marches et contre-marches dans des sinuosités difficiles, traversant des bois que leur position rendait même impénétrables, nous fit nous trouver au nez de nos ennemis qui étaient retirés dans un vaste vallon coupé par les montagnes. Les premiers postes nous ayant aperçus ne tardèrent pas à nous saluer. On leur riposta, mais notre brave capitaine, ne jugeant pas à propos en cette circonstance de montrer trop d'audace, nous réunit de son mieux et obligea, par des paroles mielleuses, notre bon guide de nous assurer la retraite. Ce méchant homme voulait résister, mais il y fut contraint. Cependant l'ennemi au loin faisait des mouvements et avançait. Nous l'arrêtions de notre mieux, nous étant placés en tirailleurs, suivant que la situation des lieux le permettait, et soit qu'il craignit qu'il y eut des forces derrière nous, il ne s'exposait

RETRAITE SOUS LE FEU.

[Page 14.]

pas trop en avant. Ainsi notre petite retraite bien entendue se faisait à pas lents, en soutenant notre petit feu jusqu'à notre cantonnement que nous n'avons pas tardé à découvrir. La nuit couvrait déjà les ravins, ce qui obligea l'ennemi à arrêter sa course. Il cessa le feu et se retira. De notre côté, après avoir donné le juste châtiment à notre guide complaisant, nous avons abandonné le soin de sa sépulture à ses amis.

De retour dans notre cantonnement, on doit bien penser qu'il n'y avait pas à dormir. Nos sentinelles se doublèrent toute la nuit et nos patrouilles, d'heure en heure, assuraient par leur présence les avancées. La matinée du jour suivant, étant à réfléchir sur nos chasses de la veille, je me rappelai que la prévoyance est la mère de la sûreté ; m'étant fait donner un peu de lait froid, je

me suis un peu rétabli l'estomac, tandis que mes compagnons étaient en devoir, les uns de couper la soupe, d'autres d'attiser le feu et faire bouillir des marmites pleines de lait, ainsi tous très occupés dans l'attente de se restaurer. Nous fûmes surpris par une alerte : adieu donc, marmites et chaudrons, il fallut tout abandonner.

Deux chasseurs à cheval, qui de l'autre côté de la Meuse gagnaient à toute bride Namur, crièrent à haute voix à quelques-uns des nôtres en sentinelle sur l'autre rive :

« Que faites-vous là ? vous êtes perdus. Hâtez-vous de gagner le camp, il est déjà attaqué et vous êtes cernés de toutes parts. » Alors, nous rassembler et diriger nos pas vers Champion fut l'affaire d'un instant. A pas de loup nous quittâmes notre position et nous arrivâmes au camp, qui était vraiment attaqué, mais, pour y pénétrer, il fallut se faire un passage à travers l'avant-garde ennemie, fortement occupée alors à chatouiller nos avancées. Sitôt que nous fûmes rendus sur le premier point, nos quinze cavaliers se répandirent en éclaireurs avec vingt-cinq fantassins pour tirailleurs, vingt-cinq hommes restant formèrent un petit peloton. Par cette ruse, après une fusillade qui n'était certainement pas celle d'un bataillon entier, nous sommes parvenus avec beaucoup de peine à traverser une de leurs ailes garnie de hussards en front d'escadron et sommes arrivés à notre quartier général. Le général d'Harville, aussi étonné que surpris de nous avoir vu tenir tête à des forces aussi supérieures, vint au-devant de nous avec son état-major. Après avoir marqué sa satisfaction au capitaine et son affection au détachement, après avoir écouté le rapport de notre conduite de la veille et de nos fatigues pendant dix-neuf jours de bivouac, il nous félicita, nous dit qu'il nous avait cru pris ou perdus et nous assigna une place pour nous reposer, disait-il, pendant le combat qui allait avoir lieu. Le capitaine, ainsi que nous, ne voulant pas être d'observation, nous avons prié le général de nous permettre de rentrer dans notre bataillon, ce qui nous fut accordé à l'instant.

Nous n'y étions pas rendus que la division autrichienne était déjà déployée sur une ligne assez étendue, avec une cavalerie bien supérieure à la nôtre. Nos bataillons, de leur côté, s'étaient formés en échelons, et notre cavalerie avait déployé ses faibles escadrons. Bientôt l'action s'engage. Leur cavalerie, par des charges vigoureuses, fait éprouver de grandes pertes à la nôtre, mais nos bataillons, par des feux suivis, arrêtent leur infanterie qui se voit culbutée et en peu de temps enfoncée. Les batteries du camp qui tiraient sur leurs escadrons leur firent bientôt lâcher prise. Peu d'instants après, l'artillerie légère qui n'avait point encore donné, est divisée par escouades et va vomir la mitraille sur les rangs ennemis, lesquels furent tantôt ouverts. Leur cavalerie arrogante est dispersée de tous côtés, et des bataillons entiers, avec l'artillerie, les poursuivent, même dans l'obscurité. Il était nuit que les troupes victorieuses n'étaient pas encore lasses de les poursuivre. Aucun des bataillons français n'était encore réuni à six heures du soir sur le plateau du camp de Champion, tant l'ardeur et le courage étaient généraux. Ici je dois rendre compte que, si notre cavalerie a éprouvé de grandes pertes, c'est par le trop de courage et

RENTRÉE AU CAMP.

[Page 16.]

de témérité qu'ont montré les chefs dans les premières charges, sachant bien qu'ils étaient inférieurs au moins des deux tiers, mais, hélas ! tel est le caractère du soldat français ! En revanche, leur infanterie fut rossée de la belle manière. Après le combat qui dura quatre grandes heures, l'ennemi fut obligé de se retirer vers les montagnes et nous dans notre camp, dans lequel les postes et les avancées se doublèrent.

Ce camp était dans une position peu avantageuse ; notre cavalerie venait d'éprouver une perte sérieuse et la division était très faible en effectif,

c'est ce qui détermina le général d'Harville à se retirer sous Namur. En conséquence, nous avons levé le camp, et nos bataillons furent mis au bivouac dans les

redoutes des avancées où plusieurs y ont été gelés par les froids excessifs des nuits.
Nous étions vers le milieu de mars ; à cette époque, les troupes françaises étaient
en retraite de tous côtés ; déjà le prince de Cobourg était en possession de plusieurs
villes et l'armée française tournait vers Tirlemont. Les Autrichiens que nous avions en
face de nous réfléchissaient encore sur la chasse que nous leur avions donnée et nous
laissaient tranquilles ; nous n'étions donc fatigués que par nos bivouacs, mais il était
écrit que Namur devait imiter ses voisines en ouvrant ses portes à son ancien maître.
Le général d'Harville eut l'ordre d'exécuter l'évacuation de la ville. Etant donc ras-
semblés à la muette, une nuit de mars, nous avons quitté cette belle ville. Nous
n'étions pas rendus à l'extrémité du faubourg des Plantes que les Autrichiens faisaient leur entrée par la porte de Fer. Sans tambour, n'ayant d'autre musique que le
bruit du train de notre artillerie, qui par précaution marchait à la tête de la colonne,
nous voilà en marche, laissant derrière nous tous nos magasins et traversant des faux-
fuyants coupés dans les rochers sur la route de Dinant. Après avoir tourné Philippeville,
traversé Beaumont et Barbançon, la division, fatiguée de sa marche forcée, est enfin
arrivée sur la frontière, peu loin de Maubeuge où elle se disperse dans plusieurs
cantonnements, à Jeumont, Rock et Marpent, sur les bords de la Meuse. Le général
d'Harville se retira, étant probablement appelé à Paris, et quelques jours après, nous
avons appris, par une proclamation adressée à l'armée, la trahison du général
Dumouriez et la conduite qu'il avait tenue envers les Représentants du Peuple. Cette
proclamation nous apprenait également la suspension d'armes qui nous était vraiment
nécessaire, tant pour notre repos que pour l'établissement de nos lignes défensives,
pour réparer l'armement, remettre l'ordre et réclamer des recrues au gouvernement,
notre bataillon étant réduit à quatre cents hommes. Ayant donc obtenu des habits et,
les armes réparées, le général Houchard, qui avait pris le commandement de l'armée,
s'occupa à réparer l'ordre par l'emplacement des troupes. Le beau camp de Maubeuge,
d'abord fortifié par le général La Fayette, fut fortifié et garni de toutes troupes.

La suspension d'armes étant finie, nos avancées ne tardèrent pas à être attaquées par les patrouilles autrichiennes ; les nôtres leur faisaient face. Tous les jours,
c'étaient nouvelles attaques, et ces escarmouches nous devenaient sensibles. Les
ennemis, à l'exemple du camp de Maubeuge, en avaient formé un sous Solesmes.
C'était de là que sortaient les nombreux détachements qui nous saluaient tous les
jours. Ils avaient des batteries masquées au-dessus de Jeumont et de Marpent ; les
nôtres, aussi masquées, protégeaient nos découvertes. Les ponts de Marpent et de

Jeumont qui avaient été démantelés la campagne précédente, n'ayant plus pour leur
service que les arches intactes sur lesquelles étaient ajustés des madriers et quelques

planches, nous servaient pour nos sorties et les communications. Nos observations s'ef-
fectuaient donc très ponctuellement tous les matins au bruit de la fusillade et de la canonnade, et ne se faisaient pas sans éprouver des pertes, mais cela n'était rien encore.

Le 21 avril, le prince de Cobourg imagina le blocus de Maubeuge sur sa partie
supérieure. A cet effet, une de ses divisions se présenta à nos avancées. Déjà, celles
de l'Abbaye-Brûlée et autres lieux étaient forcées et s'efforçaient de soutenir la
retraite malgré leur petit nombre. Mais, comme notre position était plus avantageuse
pour l'ennemi, vu le bois de Rock qui lui offrait de grandes ressources, ce fut sur
nous qu'il dirigea le plus de forces. Il était quatre heures du matin que nos postes
avancés, après plusieurs décharges, se replièrent sur le bataillon que la générale
avait rassemblé dans la plaine de Marpent. Nous étions bien décidés à faire face au
nombre, mais leurs bouches à feu, qui battaient sur nous de la plus rude manière,

nous obligèrent à changer nos positions. Nos pièces de campagne étaient trop faibles pour les arrêter. Cependant le bataillon vomissait des feux de division sur leurs colonnes déployées, prêtes à franchir le pont de Marpent. Celui de Jeumont était déjà emporté. Leur infanterie était déjà sur nous. Alors, ne pouvant plus résister, le colonel commanda la retraite. Nos frêles pièces de quatre furent mises en prolonge et placées au centre du bataillon. Alors, sous la protection de notre feu de file, elles jouèrent de la mitraille sur la cavalerie ennemie qui avait trouvé passage. Sans cela, le bataillon aurait été haché. Qu'on se figure sept cents hommes réunis dans une plaine tenant tête, avec deux pièces de quatre, à cinq mille hommes soutenus de cavalerie et de huit bouches à feu, on aura une parfaite idée de la situation du 7ᵉ bataillon des Fédérés nationaux dans cette journée ! Cependant, nous ne perdîmes pas la tête, et nos feux en arrière, toujours dirigés avec le meilleur ordre, nous firent gagner un bois coupé d'un grand espace ; néanmoins nous fûmes harcelés jusqu'à Cerfontaine. Nous eûmes peu d'hommes tués ; nous perdîmes quelques prisonniers.

Le camp de Maubeuge, éveillé par la canonnade et craignant un blocus, fit sortir de suite plusieurs régiments avec quelques escouades d'artillerie légère. Il était temps pour nous, car nous étions étroitement serrés dans les clos de Cerfontaine. Ce renfort n'a donc pas tardé à donner la revanche à l'ennemi et à se remparer de la route de Beaumont qu'il avait déjà coupée. Bientôt, leur infanterie est écrasée par la nôtre qui la poussait l'épée dans les reins. Leurs bouches à feu furent prises et notre artillerie légère leur donnait l'Angélus avec du calibre bien supérieur à nos petites pièces. Nos bons camarades nous ayant dégagés de notre réduit, nous ne fûmes pas lâches à nous comprendre dans la mêlée ; enfin, leur déroute était tellement complète que leurs colonnes avaient beaucoup de peine à se rallier pour gagner la Sambre, chacun bien penaud et faisant de tristes réflexions sur le pas de conduite que nous leur faisions.

De suite après nous fûmes occupés à dresser un camp volant pas loin d'Arquigny, sur la face majeure du bois de Rock. Ayant donc construit à la hâte des baraques avec le bois que nous abattions à quantité, nous avons continué le service des avancées pendant plusieurs jours où nous ne manquions pas de nous présenter réciproquement nos civilités régulièrement. Les avant-postes s'égorgeaient, les patrouilles de nuit s'attaquaient. On sait comme ces petites choses font de ravages surtout quand elles se multiplient. Tous les corps postés dans les environs s'en ressentaient et se dépeuplaient, ce qui obligea le général commandant à Maubeuge

LE BATAILLON CARRÉ.

[Page 20]

d'appeler le bataillon aux lunettes du camp. Notre occupation fut d'y travailler à de
nouveaux forts, à ouvrir des puits sur six rangs de hauteur autour des redoutes.
Dans le fond de ces puits on enfonçait de forts pieux de bois qui offraient une
barrière terrible, en dehors des palissades, à toute attaque de surprise. Ce n'est pas
trop dire que nos travaux ont rendu le camp de Maubeuge redoutable. Il en aurait
imposé à deux cent mille hommes des plus aguerris et, dans un temps, il saisit de
crainte, d'admiration et d'étonnement le général en chef des armées impériales.

Non seulement nos travaux de guerre nous fatiguaient, mais le service du camp
était pénible, parce que des bataillons entiers étaient désignés chaque jour pour la
garde des redoutes de droite et de gauche de Maubeuge, de l'autre rive de la Sambre,
ainsi que celle du Loup, sur la route d'Avesne. Les Autrichiens, retranchés jusqu'aux
dents dans le bois du Tilleul, s'étaient fait un rempart par des chemins couverts et
des boyaux qui s'étendaient jusque sous les avancées de son camp.

Cependant le général Tourville, qui se ressouvenait de l'audace de l'ennemi d'avoir
forcé nos postes et passé la Sambre au début de la campagne, résolut à son tour
de la faire passer à une division pour se porter sur son camp et détruire ses travaux.
A cet effet, douze mille hommes sont réunis en trois colonnes d'hommes de bonne
volonté, avec toutes les compagnies de grenadiers de chaque corps. Douze cents
hommes furent aussi formés du reste des compagnies comme soldats de corvée.
Ceux-ci formèrent trois gros détachements de pionniers à qui on délivra pioches,
bêches et haches. Ainsi tout disposé, la division opère son grand mouvement dans
une belle nuit d'été — c'était au mois de juillet — et, vers onze heures, une colonne
se dirige vers le bois du Tilleul, une autre garde le centre, traverse Maubeuge et
sort par la porte de Mons, et celle dont j'étais débute vers la redoute de droite pour
saisir les travaux du camp de Solesme vers son centre. Nous avions avec nous les
deux tiers des pionniers. Les Autrichiens retirés dans leurs boyaux et masqués
jusqu'à la tête, nous écoutant d'assez loin froisser les blés par notre marche, pré-
vinrent nos intentions et commencèrent un feu terrible. Il se continua par un feu de
file bien suivi, car, autrefois, les troupes autrichiennes avaient la supériorité pour ce
genre de feu. Le jour n'était pas encore paru que nous fûmes les dupes de notre
entreprise. La colonne déployée a voulu foncer, mais elle fut repoussée de vive
force. Cependant l'aile droite de leurs travaux était emportée, ainsi que deux
mamelons. Les pionniers avaient déjà commencé à détruire leurs avancées; deux
batteries masquées étaient également clouées et enlevées; nos grenadiers, de leur

AVENTURES DE GUERRE

côté, avaient une redoute de six bouches à feu, ainsi leurs boyaux, leurs retranchements et leurs premières redoutes étaient en notre pouvoir. Les pionniers aidaient les vainqueurs; tout allait bien, mais, hélas! nos grands avantages n'ont été que d'une heure environ. Après, nous eûmes le carillon à notre tour.

Il n'était pas deux heures du matin que des colonnes nombreuses nous écrasèrent de toutes parts en nous forçant à une prompte retraite. Je pense encore que tout leur camp était déchainé contre nous. Nous avons éprouvé bien des pertes, car des compagnies entières qui s'étaient trop avancées ont été bien maltraitées, beaucoup également ont été faits prisonniers et sans la belle redoute de droite, laquelle protégeait notre retraite, nous étions cuits. Nous nous sommes donc retirés un peu confus en exécutant des feux en arrière et dans le meilleur ordre, chacun dans nos tentes, avec la réflexion que le prince de Cobourg pourrait bien avant peu nous rendre la réciproque, ce qui ne fut pas long.

Calculant, en effet, sur les avantages qu'il aurait de prendre Maubeuge et son camp, le prince résolut d'attaquer toutes nos avancées. Dans la nuit du 27 septembre, à cinq heures du matin, les ponts furent jetés sur trois points différents. Quatre-vingt mille hommes chassèrent nos premiers postes qui ne purent résister. L'abbaye d'Aumont fut enlevée. En deux heures les routes de Beaumont, d'Avesnes et de Valenciennes furent coupées et, de partout, nos troupes, battues et harcelées, rentrèrent dans le camp avec peu d'ordre, tant il est vrai que le Français se rebute aisément quand il est surpris. En un mot, la déroute était complète. Notre bataillon formait la garde de la redoute de gauche, qui était masquée par le bois des Tilleuls, mais l'ennemi avait trop d'avantage pour nous en vouloir. Nous étions bien déterminés à lui vomir le feu de six batteries s'il s'était présenté ; nous l'attendions donc de pied ferme, lorsqu'une piteuse ordonnance vint nous prévenir à sept heures du matin que nous étions bloqués de toutes parts, que le corps de l'ennemi cernait le camp par le bois de Beaufort. Alors toute réflexion fut inutile.

Me voilà donc pour la première fois renfermé dans un vaste plateau avec plusieurs autres, où nous avons assez souffert pendant dix-neuf jours que nous avons été ainsi serrés. Qu'on se figure trente-six mille hommes à qui les vivres diminuaient tous les jours, car nos magasins n'en étaient pas fournis à cette époque. Condé, Valenciennes et le Quesnoy étaient au pouvoir des Autrichiens ; nous pouvions donc attendre le même sort. Le prince de Cobourg, qui sentait les pertes qu'il aurait éprouvées s'il avait attaqué le camp dans les règles, résolut de le brûler. Déjà l'incendie avait frappé plusieurs villages. Le meurtre et le viol étaient commis partout. Notre camp était couvert par la fumée des maisons incendiées. Nos généraux étaient indignés de leur conduite. Le courage et la patience du soldat étaient épuisés. L'armée provoqua des sorties. On en fit plusieurs sans aucun avantage. L'ennemi ayant construit des mamelons autour du camp par la quantité de paysans qu'il forçait à y travailler, y établit ses batteries et on pense bien que nous ne fûmes pas ménagés. C'était une pluie de boulets, d'obus et de pots à feu qui tombaient jour et nuit dans le milieu du camp. Plusieurs baraques, ainsi que les magasins de paille, furent brûlés. Notre occupation était de réparer à tout moment le dommage fait à nos redoutes ; nous aurions bien désiré une forte attaque de leur part, car il était certain qu'ils auraient trouvé leur tombeau ouvert, mais le prince de Cobourg aimait mieux nous réduire par la famine et certes il y aurait réussi sans un incident fâcheux qui lui arriva.

Le 15 octobre nous entendions de loin des salves d'artillerie épouvantables. Des espions rendaient compte que c'était le général Jourdan qui tentait notre déblocus.

De suite l'armée voulait former ses colonnes et sortir de sa position, mais le général G... nous assura que c'étaient des feintes que l'ennemi faisait, telles qu'il en avait faites lors du siège de Condé, pour nous exciter à des sorties qui nous seraient préjudiciables. La nuit du 15 au 16 les feux de l'ennemi doublèrent, ce qui nous annonçait qu'il était plus nombreux. La nuit du 16, même fusillade au loin derrière les bois de Frière-le-Petit et grande canonnade qui semblait approcher. Notre camp, cependant, ne cessait d'être écrasé par le feu de cinquante de leurs batteries postées avantageusement. Nous ne savions que penser. L'opinion générale était que cette fusillade était le résultat des réjouissances que l'ennemi faisait pour fêter ses avantages sur les armées de la République.

Vers le milieu de la nuit du 16 au 17, leurs feux paraissaient encore plus considérables et beaucoup de pots de feu nous furent envoyés. Oh ! pour cette fois c'était une ruse de leur part pour observer nos mouvements, car le prince de Cobourg était grandement occupé à rassembler son armée pour lui faire passer la Sambre à la muette. Ce n'étaient donc que quelques batteries laissées d'arrière-garde qui nous vomissaient des pots à feu. Cette nuit leur fut précieuse, car un brouillard épais couvrait tout l'at-

mosphère à ne pouvoir découvrir à dix pas devant soi, ce qui leur donna le temps de faire repasser leur artillerie, les caissons et les chariots jusqu'à six heures du matin. A cette heure, une prévoyante ordonnance vint nous prévenir que nous étions débloqués. Il apportait au général l'ordre de faire sortir ses divisions, de poursuivre l'ennemi et de reprendre ses premières positions.

Nous voilà donc libres et occupés à former nos colonnes ; nous sortîmes du camp et nous rendîmes en un instant aux positions qu'avait occupées l'armée autrichienne. Nous y avons trouvé des munitions considérables que leur arrière-garde faisait charger. Des postes entiers qui avaient été oubliés furent faits prisonniers et

on arrêta beaucoup de caissons et chariots chargés de pain. C'est ce que nous
n'avons pas perdu de vue, car depuis plusieurs jours il n'y avait pas eu de distribution et nous n'avions pas eu à craindre les indigestions. Nous atteignîmes une de
leurs colonnes peu loin de Clairfontaine et c'est alors que la charge nous fit tendre
les jarrets. Les ponts de tous côtés ne suffisaient pas pour faciliter la précipitation
de leur retraite et, dans cette déroute complète, plusieurs se sont trouvés heureux
d'être amateurs de la natation. Enfin, nous étions comme des forcenés que les
chaînes avaient retenus longtemps. D'autres colonnes, qui avaient débuté vers Aumont,
avaient les mêmes agréments : c'est-à-dire que la chasse était générale.

Les ayant ainsi harcelés jusqu'à Sort-sur-Sambre, d'autres bataillons jusqu'à
Sort-le-Château, nous avons rétabli nos avancées sur toute la ligne défensive et,
après avoir fouillé tous les bois, nous avons également formé un camp d'observation
de ces côtés. On peut bien penser que nous n'y étions pas tranquilles. C'étaient,
tous les jours, des petits combats qui nous détruisaient des hommes. L'hiver, de
son côté, commençait à se faire sentir. Déjà, novembre et la moitié de décembre
nous avaient renfermés dans nos tristes cabanes. Quoique la saison ne fût pas
agréable, l'ennemi voulut encore une fois nous donner le bal. C'était une matinée
où il gelait à pierre fendre. Deux de leurs régiments, campés peu loin d'Erquelines,
vinrent avec quelques escadrons de cavalerie et quelques pièces d'artillerie nous
attaquer de vive force. Leur avant-garde avait déjà égorgé nos premiers postes,
mais la fusillade mit bientôt le camp sur pied. Trois bataillons non complets forment
une ligne en échelons sur le front de bandière. La cavalerie, retirée dans ses
cantonnements peu éloignés, est bientôt rendue au plateau. Notre petit parc, composé
de dix bouches à feu, est masqué au centre de la position de chaque bataillon. A cette
époque les pièces de campagne étaient retirées : c'était donc du calibre de huit que
nous avions avec deux obusiers de six pouces. Deux de ces batteries étaient servies
par deux escouades d'artillerie légère et les autres par des canonniers de la ligne.

Bientôt l'action s'engage. Dès la première charge leur cavalerie fut repoussée;
leur infanterie résista plus longtemps, mais nos pièces qui jouèrent avec fracas leur fit
disperser les rangs. L'affaire était chaude. Pendant un quart d'heure environ ils ont
eu l'avantage par la surprise qu'ils avaient faite de nos sentinelles, cependant nous
avons eu la victoire. La charge que battaient les tambours de chaque corps annonçait
à l'ennemi qu'il devait se replier. Ils nous ont laissé des prisonniers, peu d'hommes
ont été tués de chaque côté, mais nous avons relevé beaucoup de leurs blessés.

Ce combat fut le dernier de la campagne dans ces environs. Deux jours après nous avons reçu l'ordre de nous retirer sur Colleret et Arquigny, villages assez grands, qui étaient accordés au bataillon pour ses quartiers d'hiver. Ce repos était nécessaire à tous les corps qui avaient été, comme nous, d'avant-garde et de postes avancés tout à la fois, pendant neuf mois consécutifs. C'est aux vieux soldats qu'il appartient seulement de juger les désagréments, les fatigues et les pertes que l'on éprouve quand on est ainsi détaché du massif de l'armée. Il est vrai que, à ces bataillons ainsi d'observation, est attaché le repos de l'armée, puisque tout repose sur eux. Alors on regarde toujours comme le plus beau point d'honneur quand on est appelé dans une division quelconque pour composer l'avant-garde. C'est donc dans ce cadre honorable où j'ai été classé cent fois.

Nous sommes restés quelques jours dans ces cantonnements, mais notre colonel ayant pris le commandement de la brigade par intérim fut

appelé à Frière-le-Petit avec son bataillon. Nous y passâmes janvier à dresser des recrues, mais le contingent ne nous suffisait pas et nous avions un besoin absolu d'habillement. On nous envoya donc à La Capelle pour nous y réorganiser. Le bataillon se mit en route sous son vieux drapeau, auquel il ne restait pour ornement que sa seule cravate, la lance même ayant été coupée par un obus à l'affaire du 21 avril. Nous ne fîmes que deux étapes à Avesne et à L'Échelle et nous nous y trouvions honorés de notre nudité. C'est quelque chose d'extraordinaire que les régiments qui sortent de faire la guerre préfèrent les lambeaux de leurs vêtements et de leurs drapeaux à des habits neufs et à des oriflammes éclatantes, surtout quand ces mêmes régiments rentrent dans leur patrie. J'ai eu cet esprit-là comme les autres, parce que c'est dans le caractère de tous les soldats en général.

Le troisième jour, étant en marche pour La Capelle, nous fûmes arrêtés par une ordonnance avec ordre de nous rendre de suite à Landrecies. Nous fûmes donc obligés de rétrograder et nous sommes arrivés fort tard dans cette ville, d'où Dieu sait comme nous sommes sortis.

Sitôt notre arrivée nous nous sommes occupés à nous loger dans les quartiers. Deux jours après on nous apprend que la ville a été vendue ainsi que la garnison. Tout ce que je sais sur cet article, c'est que j'ai vu partir pour Paris le commandant d'armes bien escorté. La garnison fut relevée par plusieurs bataillons détruits, qui, comme nous, avaient été appelés en cette circonstance. La ville était menacée tous les jours et, par conséquent, déclarée en état de siège. Quelques jours après avoir pris possession des quartiers, nous avons reçu, à la barbe d'un ennemi audacieux, le complet entier de notre bataillon. C'était l'époque de l'incorporation de ceux de la première réquisition. Notre bataillon vit classer sous son vieux drapeau celui de Strasbourg; le 1er de la Meuse, le 2e de l'Orne, le 9e de la réserve et la 123e demi-brigade reçurent aussi sous les leurs des bataillons de réquisition. Il est nécessaire de rapporter ici que notre garnison, forte de sept mille hommes après cette incorporation générale, ne pouvait opposer à l'ennemi que deux mille hommes, au plus, de troupes faites et aguerries.

Nous voici donc occupés à l'instruction des nouveaux venus, ce qui n'était pas facile, vu leur idiome. Pendant ce temps-là, l'ennemi en force et retranché dans la forêt de Mormagne donnait des inquiétudes à la ville. Le sort de Condé, de Valenciennes et du Quesnoy inspirait une certaine frayeur aux habitants. Déjà de nombreux madriers et des supports étaient transportés dans les maisons les moins solides pour les soutenir de l'effet des bombes et toutes les rues principales se garnissaient également de ces pièces énormes. Nos bataillons, de leur côté, étaient d'avancée chaque jour, ce qui arrêtait le cours et l'émulation de nos exercices. Les troupes qui n'étaient point de service étaient employées à construire cette importante redoute qui fut faite dehors la ville en avant de la porte du Quesnoy. Elle devait maintenir l'ennemi de ce côté, mais il fallait le maintenir aussi du côté du Cateau, car il avait jeté des hommes dans Ors-sur-Sambre et insultait tous les jours nos

LA PRISE DU CANON.

(Page 28.)

avant-postes. Notre bataillon fut donc détaché au village de la Folie où nous ne manquions pas de nous observer à grands coups de fusil. Tous les jours, les sentinelles se déplaçaient les unes et les autres. Leurs Chasseurs du loup, si renommés par leur adresse, armés de bonnes carabines, se retiraient dans l'église de Ors avec des émigrés et, de son clocher, ils nous saluaient à toute minute par les fenêtres.

Le général Frémont, ennuyé de leurs vexations, résolut de les chasser de leurs positions et de reprendre le Cateau, après avoir détruit les redoutes qu'ils avaient construites de part et d'autre. A cet effet, il rassembla de suite le plus de troupes disponibles. Notre bataillon occupait le poste le plus important d'attaque, puisque, par sa position, il avait le pont de Ors en face ; à l'extrémité de ce pont était en batterie une pièce de treize que l'ennemi se préparait à bien desservir. Le pont avait été démantelé et n'avait plus que quelques planches mal assurées par-ci, par-là. C'était le beau morceau qui nous était réservé.

Toutes les troupes disposées, l'attaque commence sur plusieurs points. Leur infanterie, qui était en force dans le village, déploya d'abord un front terrible, mais deux batteries que nous avions démasquées parvinrent à mettre le feu à l'église et à différentes maisons. D'un autre côté la fusillade est entamée; notre bataillon soutenait un feu passable, vu la quantité de recrues. Les gendarmes à pied, postés au-dessus de nous et sur la même ligne, avaient l'avantage. Il n'y avait donc que le pont qui nous maintenait. Il était extrêmement difficile de l'emporter en masse. Alors, plusieurs hommes se détachent de tous les rangs, officiers et soldats et s'élancent sur le pont comme la rapidité de l'éclair. Chacun n'écoutant que le courage qui caractérise le vrai soldat français, court à une mort certaine. Cette bouche à feu, prête à vomir sa mitraille sur le bataillon, est emportée de vive force et les canonniers percés de baïonnettes reçoivent sur leur formidable batterie la mort qui nous était réservée. J'étais le quatrième rendu à cette pièce de canon — la plus belle heure de ma vie comme aussi la plus dangereuse !

Le bataillon, qui nous suivait de près, culbute et enfonce leurs détachements. D'autres corps, qui avaient passé la Sambre dans différents endroits, les prennent entre deux feux. La retraite sonne chez l'ennemi et la terreur est dans ses rangs. De notre côté la charge se fait entendre. C'était inouï le nombre des leurs étendus dans la poussière. Enfin, maître de cette position, le général donne ordre que chaque corps dispersé se réunisse. La division étant réunie dans la plaine en avant de Ors et l'ennemi s'étant rallié avec d'autres forces qui débouchaient de la forêt, l'affaire devint plus chaude et en rase campagne; nous tenions tête à leurs redoutes. Notre infanterie, à peu près égale en nombre, ne tarda pas à culbuter la leur. Peu d'instants après, quoiqu'ils nous saluassent d'une étrange façon, leurs redoutes sont franchies et la forêt de Mormal est tantôt atteinte Quoiqu'ils fussent fortifiés dedans, ils

furent obligés d'abandonner leurs travaux que nous avons détruits et de se replier à toutes jambes sous les murs du Quesnoy.

Après cette brillante journée, où tous les corps se distinguèrent à l'exception d'un seul qui fut licencié, après, dis-je, la reprise de deux attaques consécutives qui durèrent neuf grandes heures, le brave général Frémont s'est occupé de rallier sa division et de former les avant-postes. Le 16 germinal, l'an deux, le bataillon reçut l'ordre de rentrer dans Landrecies.

L'ennemi, après cette secousse, semblait préméditer une attaque à son tour.

Ayant appris qu'un convoi d'artillerie nous arrivait de Guise, il résolut de se l'approprier et il avait commencé d'attaquer la partie la moins garnie, mais nos bataillons étant sortis de la ville en peu d'instants, nous avons invité l'ennemi à se retirer, ce qu'il a fait avec promptitude et intelligence.

Le général Rouland, qui commandait la place, craignant d'autres tentatives, donna l'ordre de former de suite un camp volant dehors de la porte du Quesnoy, près de la redoute d'avancée, laquelle était le poste désigné au bataillon. Nous devions donc lui assurer ses palissades, ainsi que les embrasures que nous attendions pour les placer à leurs positions, mais l'ennemi, qui en voulait à la ville, résolut de la bloquer. L'armée, de ce côté, était coalisée, étant un tiers d'Autrichiens, un tiers de Hollandais et un tiers d'émigrés. Cette armée, donc, forte de quarante-cinq mille hommes, se déploya un beau matin à notre vue, nous faisant voir un état-major nombreux, une artillerie formidable et un front garni de toutes troupes. Pour notre malheur, la redoute n'était encore parée que de deux bouches à feu. Notre bataillon, avec toutes ses recrues, en avait la garde. Le général Frémont, qui occupait à côté de nous avec sa division beaucoup trop faible, une ligne assez étendue pour faire face à l'ennemi qui étendait ses positions, montra, à l'approche de l'attaque, autant de courage que de discernement. L'ennemi ne tarda pas se déployer. Nos lignes commencèrent un feu qui fut assez suivi, mais leur artillerie de campagne se mit à canonner notre redoute et les travaux d'une rude manière. Chacun faisait de son mieux. Jeunes et vieux soldats ripostaient sur le nombre. Cette journée fut une des plus chaudes que j'aie vues : la bataille dura environ sept heures et entre des forces si inégales, mais l'ennemi remportait de grands avantages et s'était déjà emparé de plusieurs positions précieuses d'où il nous culbutait de toutes parts. Les boyaux avancés ne tardèrent pas à être franchis ; enfin, la déroute devint générale. Tous les points étaient forcés par la supériorité et nous fûmes contraints de nous retirer avec le plus d'ordre possible vers les glacis de la ville et sous la protection des batteries.

L'ennemi n'étant point satisfait de ses progrès voulut encore nous chasser de cette position. Alors, nouvel acharnement. Jamais leur infanterie n'avait montré autant d'ardeur et pourtant nous la recevions avec un feu de file passable en pareille circonstance. Les bastions et les cavaliers élevés de la ville ne pouvaient plus rien, c'est-à-dire que leurs feux ne pouvaient plus les atteindre, vu qu'ils étaient rendus dessous les batteries. C'est ce qui acheva notre défaite. Nous avons donc été forcés de nous retirer dans la ville ; c'était la seule voie de salut qui nous était offerte. Le général Frémont, de son côté, avait été obligé de se retirer sur Maroilles, voyant bien que Landrecies allait être cerné.

L'ennemi ayant ainsi assuré le blocus députa de suite un parlementaire au général

Rouland, commandant la place, lui faisant sommation de rendre la ville dans l'état où elle se trouvait, qu'il prétendait y entrer au nom de Sa Majesté François II, empereur d'Allemagne ; que s'il voulait ménager cette ville il offrait une honorable capitulation et que, en conséquence, il lui était accordé vingt-quatre heures pour se décider. Le général Rouland, brave autant que Bayard, stipula cette courte réponse aux ennemis de la République : « Landrecies est bien fortifiée. Elle ne manque pas de munitions. Par conséquent, elle peut soutenir un siège qu'elle regarde comme certain. Ses habitants et ma troupe s'enorgueillissent de la défendre même sur les ruines de ses remparts. » Comme j'avais été choisi par mon bataillon pour membre du conseil de guerre, j'avais connaissance de l'ouverture des cachets présentés par les parlementaires, et si je ne rapporte pas les mêmes expressions dont on s'est servi, c'était à peu près semblable. C'était pour mon âge alors une distinction bien honorable d'être ainsi appelé au milieu d'un état-major nombreux pour ouvrir les opinions.

LANDRECIES EN FLAMMES.

[Page 59.]

Le premier parlementaire étant retiré, les habitants furent occupés à dépaver la
ville. La troupe fut portée aux bastions et aux cavaliers élevés. Pour assurer des
munitions à toutes les batteries, soldats, hommes et femmes étaient en mouvement ;
mais ce qui nous affligeait le plus, c'étaient les hôpitaux, encombrés de blessés, de
malades, de mourants que l'on n'avait pas eu le temps d'évacuer. Déjà nos batteries
jouaient de toutes parts pour empêcher les travaux de l'ennemi, mais rien n'arrêtait
leurs dispositions, et il est même étonnant que, en si peu de temps, ils aient confec-
tionné d'aussi nombreuses batteries pour foudroyer une si petite ville. Tout étant
préparé par eux, ils députèrent un second parlementaire près du général Rouland. Le
conseil de guerre fut réuni et il fut donné la même réponse.

Voici donc le siège entamé. Les principales batteries étaient placées de l'autre
côté de la porte du Quesnoy. Ce furent elles qui firent le plus de mal pendant le
bombardement. On ne saurait nombrer les boulets qui écrasaient les remparts et les
bombes qui pleuvaient sur la ville. Dès les premiers jours l'hôpital fut écrasé, nos
magasins et l'église principale étaient en feu. Un magasin à poudre situé sur un
bastion avait sauté et les quartiers également ne tardèrent pas à être insultés. Les
plus beaux édifices s'écroulaient. Les flammes qui étaient répandues dans plusieurs
maisons, faisaient pousser des gémissements dans tous les coins. En un mot, ce
siège était tellement combiné que, en peu de jours, les habitants étaient sans asile.
Les casemates n'étaient pas suffisantes pour les y recevoir et les habitants des campagnes, que la férocité des troupes autrichiennes avait chassés de leurs asiles et
qui étaient venus se réfugier dans la ville, encombraient ces mêmes casemates, ainsi
que les autres lieux qu'on disait, bien à tort, à l'épreuve de la bombe ; car bien de
ces lieux, hélas ! se sont aussi écroulés, ensevelissant sous leur chute une multitude
d'hommes, de femmes et d'enfants. Nos bataillons, au bivouac jour et nuit sur les
remparts, portaient de leur mieux les secours que la veuve et l'orphelin réclamaient.
Qu'on se figure une ville de deux mille âmes encombrée de troupes et d'étrangers,
cernée par soixante mille hommes et battue par soixante bouches à feu de toute
espèce jour et nuit, on aura la parfaite ressemblance de la ville de Landrecies.

Après plusieurs jours de bombardement, un nouveau parlementaire se présenta
demandant toujours la reddition de la place. Alors le conseil de guerre, toujours
grand et martial, conseilla au général de demander une suspension d'armes de
quarante-huit heures pour réfléchir à cette dernière proposition. Ce que le général
fit et elle lui fut accordée. Nous en avions bien besoin, tant pour rétablir un peu

l'ordre, encourager les habitants et prodiguer des secours aux blessés, que pour arrêter les progrès des incendies et réparer le désordre des batteries qui étaient découvertes de toutes parts et avaient leurs embrasures détruites. Les choses donc un peu rétablies, la suspension d'armes fut rompue, les bombes, les obus et les boulets jouèrent de leur mieux, car de leur côté les Autrichiens n'avaient pas perdu leur temps et ils avaient doublé le nombre de leurs mortiers. Bientôt nos

remparts s'ouvrirent de tous côtés et l'ennemi se disposait à battre en brèche.

Les habitants, craignant avec raison les suites fâcheuses d'un assaut, ont député près du général quelques-uns de leurs magistrats pour l'engager à rendre la ville, lui exposant qu'ils avaient assez prouvé leur dévouement à la République par les pertes immenses qu'ils faisaient. Après l'exposé des magistrats, le conseil de guerre se rassembla, cette fois à la municipalité, où, après avoir mûrement réfléchi sur la situation de la ville, il déclara à l'unanimité qu'il restait encore un moyen à la garnison pour préserver la ville de tant d'horreurs, que puisque les munitions les plus nécessaires manquaient, elle tenterait une sortie la nuit suivante pour faire une percée dans l'armée ennemie, que, si on ne réussissait pas, le conseil aviserait.

Ainsi conclu et arrêté, l'ordre est annoncé à bas bruit à toute la troupe et dans les rangs le terrible mot — *Tue* — est donné pour effrayer les assiégeants surpris. La colonne d'attaque étant divisée en trois, la porte du Quesnoy et les avancées s'ouvrent à onze heures du soir; chaque colonne marche avec sécurité vers leurs travaux, comptant faire des dupes, mais elles le furent de leur imprudence. L'ennemi, masqué jusqu'au nez, n'a pas tardé à nous recevoir comme nous le méritions. Leur fusillade et leurs bouches à feu ne nous ménagèrent point. De tous les côtés, nous fûmes victimes, étant repoussés avec chaleur, et un de nos cavaliers dominants de la place, ayant sans doute été mal informé, ses bouches à feu nous écrasèrent par derrière de manière que, par notre position, nous avions deux feux à essuyer. Mon malheureux voisin, mon meilleur camarade, fut tué à côté de moi d'un des boulets de nos batteries. C'est une preuve évidente que nous étions bien près de l'ennemi, mais terrassés, battus et repoussés de toutes les lignes des assiégeants, nous n'eûmes que le temps nécessaire pour gagner la porte par laquelle nous étions sortis.

Le prince de Cobourg, aussi étonné que surpris de notre audace, fit redoubler le feu. C'était une pluie effroyable de bombes, de boulets, d'obus et de pots à feu qui tombèrent dans la ville pendant les nuits du 9 au 10 et du 10 au 11 floréal. La brèche était ouverte, leurs soldats étaient prêts pour l'assaut général. Il ne nous restait plus qu'une mort certaine à attendre. Les femmes et les enfants poussaient des cris effrayants. Chacun, dans la consternation, s'attendait à sa fin dernière.

Au milieu de tous ces désastres le général fut conseillé de se rendre. Le conseil de guerre lui représentait que le gouvernement lui saurait assez de gré de sa noble résistance, qu'il devait être sensible à l'état affligeant de la ville et à la situation affreuse de ses habitants et que de résister davantage serait aux yeux de la patrie et de l'armée en général une audace déplacée et une témérité impardonnable.

Le courage ayant cédé aux cris de l'humanité, le général envoya de suite aux assiégeants un parlementaire demandant pour lui et la garnison la liberté de sortir de la ville avec les honneurs de la guerre pour se rendre sur le territoire français en emportant deux pièces de campagne, leurs caissons et les chariots de la division. De plus, il stipulait tout ce qui était nécessaire pour les blessés, les malades et tous

2.

les habitants en général. Les Autrichiens, ne voulant pas accéder à ces propositions, renvoyèrent le parlementaire avec la réponse conçue ainsi à peu près : « L'armée coalisée, devant la place de Landrecies, prend sa possession de cette ville et y fera son entrée au nom de Sa Majesté l'Empereur, son maître ; la garnison sera prisonnière, les quartiers-maîtres et les fourriers rentreront seuls en France ; la garnison sortira le même jour avec armes et bagages par la porte de France et le lendemain matin, 12 floréal, elle rendra les armes sur le glacis de la ville. Sa résistance opiniâtre a plutôt attiré sur cette place démantelée les horreurs d'un assaut qu'un consentement de reddition. »

Nous nous attendions bien à cette cruelle déception de la part d'un ennemi en forces, arrogant et audacieux ; aussi a-t-il fallu accepter ses généreux procédés et passer par les conditions qu'il nous imposait. Les personnes qui ont vu le déplorable état de la ville après son bombardement se sont bien convaincues qu'il n'y avait pas eu de lâcheté de la part du général de la rendre. Le gouvernement lui a bien rendu justice en décrétant que le commandant de la place de Landrecies et sa garnison avaient bien mérité de la Patrie.

Me voilà donc dehors de la ville, bien consterné ; j'avoue franchement que le moment où j'ai rendu mon arme au vainqueur a été pour mon cœur une émotion bien terrible, mais enfin l'arrêt en était prononcé ! L'ennemi, qui avait pied sur nous, insultait à notre détresse en nous persiflant et nous prônant le chemin que nous avions à faire. Étroitement serrés par de gros détachements qui nous menèrent grand train, nous voilà en route. Le même jour nous fûmes coucher près de Valenciennes dans un grand clos, au bivouac, sans que nos conducteurs se soient occupés un seul instant à nous rafraîchir les dents. Nous n'avons eu de pain qu'à Quiévrain, et pour la première fois, il m'a semblé bien mauvais. Comme les Autrichiens avaient sans doute des raisons majeures pour forcer notre marche, je ne dirai pas grand'chose de nos traversées, seulement que nous étions hués, bafoués ou maltraités dans toutes les villes des Pays-Bas où se trouvaient des Autrichiens. Je me rappellerai toujours les coups de canne que j'ai reçus en faisant mon entrée à Maëstricht. C'était pour ma cocarde que je n'avais pas eu la précaution de cacher. A Maëstricht nous apprîmes que la Hongrie était notre destination, mais les chaleurs et les marches forcées avaient déjà frappé de maladie une quantité énorme de prisonniers. A Cologne, nous fûmes joints par l'empereur d'Allemagne qui gagnait Vienne, sa capitale. Il donna l'ordre à la colonne que nous fussions conduits avec moins de rigueur, parce que plusieurs

LA SORTIE DE LA GARNISON.

[Page 36.]

d'entre nous s'étaient plaints à Sa Majesté des mauvais traitements que ses officiers nous faisaient essuyer, même par leurs simples soldats.

A Cologne, nous avons appris que l'Empereur avait manqué être pris par les armées françaises qui étaient victorieuses de toutes parts; que Condé, Valenciennes, Le Quesnoy et Landrecies étaient repris, mais ces satisfactions n'abrégeaient point notre route. A Coblentz je fus pris par les fièvres, et arrivé à Augsbourg je dus entrer à l'hôpital. Quel hôpital! grand Dieu! Une espèce de couvent abandonné qui avait été garni de quelques paillasses, avec une seule couverture par homme, et le tout regorgeait de vermine. La fièvre m'accablait; j'étais privé de tous les symptômes

de la vue. Dans cet état, j'eus un jour le malheur de laisser tomber sur ma couverture un médicament qui m'était présenté. Aussitôt, je fus frappé de plusieurs coups de bâton par un misérable soldat hongrois. Il m'aurait infailliblement arraché ma malheureuse existence sans le secours de plusieurs français, moins malades que moi, qui se jetèrent sur lui, lui arrachèrent son bâton et le mirent à la porte. Le commandant d'Augsbourg, informé de cette conduite atroce, fit relever ce scélérat et nous ne le revîmes plus. Cependant j'étais inconsolable des mauvais traitements que je venais d'essuyer. Mes larmes

coulèrent en abondance. Je pensais à ma famille et à ma patrie. Je désirais mon prompt rétablissement pour fuir de ce maudit hôpital. Un mois après cette scène affreuse, comme j'avais recouvré petit à petit ma vue avec la santé, j'eus le courage, encore convalescent, de me faire comprendre dans un détachement destiné pour la Hongrie.

Deux jours après mon départ d'Augsbourg, je fus attaqué de nouveau d'une fièvre tierce. Au milieu de ce détachement, composé d'hommes de tous les corps, je me traînais de mon mieux dans les sables brûlants de l'Autriche, la Bavière et la Bohême, nu-pieds et sans vêtements, parce que le peu d'effets que j'avais échappés du naufrage m'avait été pris à Augsbourg par les infirmiers. Sans l'assistance d'un honnête et charitable Français de la colonne qui me donna une mauvaise paire de culottes, j'aurais montré mon triste derrière aux Bohémiens avides de nouveautés. Enfin, nous arrivâmes sur les bords du Danube. Plusieurs radeaux nous y attendaient, ainsi que d'autres détachements déjà rendus pour l'embarquement. J'eus la satisfaction de rencontrer plusieurs de mes camarades qui me soulagèrent de leur mieux. Ils m'apprirent que nos officiers, partis déjà depuis plusieurs jours de Lintz étaient dirigés sur Pesth et Bude, et que pour nous autres notre destination était Presbourg.

Placé sur un radeau, je n'ai eu à me plaindre dans ma traversée que du soleil qui m'incommodait beaucoup avec mes fièvres; mais doucement menés par les eaux du Danube, nous n'avons pas tardé à découvrir les clochers de Presbourg, ville capitale de la Haute-Hongrie. Ce fut dans un quartier malsain, situé sur le bord du Danube que nous entrâmes douze cents Français, sans savoir le jour de notre sortie. On nous distribua cinquante prisonniers par chambre; une botte de paille de cinq livres nous était délivrée à chacun pour un mois. Tous les soirs nous l'étendions sur le parquet pour prendre notre repos, et tous les matins nous devions la relever au signal de quelques coups de canne que la générosité du prévôt hongrois avait soin de nous distribuer. Celui qui a l'idée d'une botte de paille remuée aussi souvent, s'apercevra aisément qu'à la fin du mois il ne nous en restait pas beaucoup à remuer.

Deux livres de mauvais pain nous étaient distribuées chaque jour, ainsi que trois kreutzers, à peu près neuf liards de notre monnaie, et certes nous ne pouvions pas marchander avec une telle pension ni faisans, ni bécasses. Etant ainsi renfermés, l'humidité de nos chambres et le climat du pays ne tardèrent pas à attaquer tous les prisonniers, et en peu de temps les chambres d'en haut, préparées pour notre hôpital, furent remplies de malades et de mourants. Quoique je fusse attaqué de fièvre depuis longtemps, j'ai bien hésité avant d'entrer dans ces funestes salles. Mais chaque jour affaiblissait ma frêle constitution ; je n'avais pas de linge, j'étais accablé de gale et de vermine, enfin mes malheureux camarades furent forcés de me traîner à l'hôpital. Me voilà donc étendu pour la deuxième fois sur un lit de patience, garni d'une seule paillasse et d'une couverte, entouré d'une multitude de prisonniers réduits au même état. La mort, qui m'entourait de tous les côtés, me faisait espérer à chaque instant le même sort. Car chaque jour vingt à vingt-cinq Français descendaient régulièrement dans la salle des morts. Là, il y avait tant de rats que presque toutes les dépouilles mortelles de mes compagnons étaient offensées par eux quand on les

jetait sur le tombereau. Sur ce tombereau, qui traversait Presbourg tous les jours, on mettait bien quelques brins de paille, mais en si petite quantité que sur dix cadavres sept étaient à découvert!

J'ignore comment j'ai pu échapper à la mort, car, sans aucun soin, n'ayant d'autre secours que deux bouillons de farine matin et soir, j'ai été dans cet état quatorze mois consécutifs, invitant le tombeau à s'ouvrir pour me recevoir, tant j'étais fatigué de mon individu. Enfin, les fièvres m'ayant abandonné, j'ai sollicité de sortir de ma salle me persuadant que, dehors, l'air achèverait de me remettre. J'étais si faible que je ne pouvais me supporter que sur les genoux et c'est ainsi que je sortais de ma chambre assez souvent, en étant chassé par la gale et la vermine qui m'accablait et me traînais au soleil sous une arcade. Ce n'est qu'au bout de trois mois de convalescence que mes jambes commencèrent à me porter. J'eus alors un appétit dévorant et mes trois kreutzers suffisaient à peine pour augmenter mon pain et me pourvoir d'un peu de tabac et d'ail.

Cependant, il devait y avoir un terme à mes maux et à ma captivité : déjà, j'avais compté vingt-sept mois dans cette prison, quand je fus surpris un jour par la nouvelle de notre échange. Plusieurs détachements de prisonniers venant de la Basse-Hongrie se dirigeaient déjà vers la France ; nos officiers également étaient en marche. C'est le 30 octobre 1795 que Presbourg nous vit sortir de ses murs. Quelle joie pour nous de reprendre le chemin de notre patrie, mais quel remords aussi pour ceux de nos camarades qui, n'ayant pu supporter leur captivité, avaient contracté des engagements militaires en Autriche et chez l'émigré ! Mes compagnons d'infortune et moi avions pour orgueil d'avoir persévéré dans l'adversité plutôt que d'avoir dirigé nos bras contre notre pays !

Trois cents lieues nous séparaient de notre patrie, et pour faire cette longue route en bien mauvaise saison, je n'avais qu'un petit gilet de toile garni de manches, point de bas et une méchante paire de pantalons de toile. Tous mes cheveux étaient tombés pendant ma maladie et je n'avais rien pour me couvrir la tête. Néanmoins, nous eûmes fort à nous louer de la manière affable dont nous étions conduits. Nos généraux en chef, Pichegru et Moreau, avaient appris à nos ennemis à mieux respecter les Français. Les habitants des Cercles que nous parcourions s'empressaient à l'envi de nous secourir, et, par un certain air de satisfaction qu'on remarque dans le physique, nous nous apercevions que ces peuples nous admiraient, les filles surtout. C'était inouï le nombre d'habitants qui nous visitaient dans nos logements.

Enfin, nous arrivâmes au fameux fort de Kehl, sur le bord du Rhin, au nombre de 12,000 hommes, ayant à regretter 70,000 de nos braves camarades morts dans les prisons de Hongrie depuis les premières campagnes. Nous trouvâmes à Kehl des commissaires qui procédèrent à notre échange. Comme le pont était coupé, notre passage se fit avec difficulté par la voie de quelques barques. C'était le 3 janvier 1796, à six heures du soir. J'ai été obligé de jeter ma chemise dans le Rhin ; elle m'était insupportable tant elle était chargée de vermine. A Strasbourg, où nous restâmes trois jours, notre affreuse nudité intercéda pour nous et nous ouvrit un magasin d'effets d'hommes morts soit aux champs de gloire, soit dans quelques hôpitaux. Il m'a été délivré une chemise, blanche ou non, une culotte noire à brayette provenant de quelque vieux ecclésiastique, une paire de bas bleus, des souliers, un bonnet de police et un habit de quelque officier mort. De suite, ainsi équipé et honoré de deux pouces de gale, j'ai sollicité ma feuille de route pour rejoindre mon dépôt à Péronne.

A peine arrivé, j'ai sollicité un billet d'hôpital et je restai deux mois à me faire un corps neuf, puis j'allai à Ham rejoindre mon bataillon; mais, quand il fut appelé à Bourgoing, pour former avec d'autres la 41° demi-brigade, je demandai une permission pour me rendre à Paris voir ma mère. Elle me rendit compte des ravages que les circonstances de la Révolution avaient faits dans la maison et que mes deux frères étaient morts au champ d'honneur. La position de cette malheureuse mère, affligée d'âge et d'infirmités, lui donnait certainement des droits à me posséder auprès d'elle. En conséquence j'ai sollicité mon séjour dans la capitale, ce qui m'a été accordé par un certificat de résidence et une carte de sûreté que j'ai obtenue.

LES AÉROSTATS

AUX ARMÉES DE LA RÉPUBLIQUE

D'APRÈS LES MÉMOIRES DE M. LE BARON DE SELLE DE BEAUCHAMP.

Le Comité de salut public, sur la proposition de Guyton de Morveau, avait résolu d'appliquer aux opérations militaires la nouvelle découverte des aérostats. Les premières expériences faites à Meudon sous les auspices du célèbre chimiste Conté avaient parfaitement réussi, et un décret de la Convention nationale venait d'ordonner la formation d'une compagnie de cinquante hommes, assimilée en tout aux compagnies du Génie militaire sous le commandement du capitaine Coutelle, ami et associé de Conté. M. Coutelle était un petit homme d'un grand mérite comme physicien, conservant à plus de cinquante ans toute l'énergie de la jeunesse. Il avait porté le petit collet, sans être jamais entré dans les ordres, mais seulement parce qu'il avait été, pour la physique, sous-précepteur de M. le comte d'Artois. Ayant pris comme presque tout ce qui tenait à la Cour le parti de la Révolution, ses talents l'avaient fait connaître de Fourcroy et de Guyton qui, tout puissants dans les Comités, le placèrent à la tête de l'opération nouvelle. Ayant eu l'idée de me présenter et le bonheur d'être accepté dans la compagnie, j'indiquai la ressource

que je venais d'employer moi-même au bon curé de la commune où je m'étais
réfugié quelque temps. Persécuté comme tous ses collègues, il était menacé d'un
moment à l'autre d'être emprisonné et cherchait un moyen de se soustraire à l'écha-
faud. Malgré toute mon effronterie de collège, je n'étais pas fâché d'avoir un mentor
et un appui de cette force; aussi je fus bien heureux de l'avoir pour compagnon.

Je partis de Paris, à pied et sac au dos, en compagnie d'une vingtaine de
camarades, tous enfants de Paris, espèces de mirliflors, clercs de notaires, de procu-
reurs, commis marchands, puis quelques ouvriers dont le capitaine avait besoin
pour la construction des fourneaux nécessaires à la confection du gaz destiné à
gonfler l'aérostat. Heureusement, je me trouvais avec mon bon curé, dont le secours
me fut bien utile dès la première journée de marche, car, en arrivant à Louvres par
une pluie battante qui ne nous avait pas quittés, je me trouvai si abattu que je ne
croyais pas pouvoir poursuivre ma route le lendemain. Mon camarade de lit, car il
m'adopta pour tel, me fit coucher bien chaudement, suer beaucoup et, le lendemain,
il n'y paraissait presque plus; cependant, comme nous avions à notre suite une
charrette de réquisition pour les bagages, j'y montai jusqu'à Avesnes et, depuis, j'ai
soutenu toutes les marches, tous les travaux sans avoir eu besoin d'aller aux hôpitaux, ce qui n'est arrivé qu'à quatre d'entre nous.

En arrivant auprès de Maubeuge, nous trouvâmes la place débloquée d'un seul
côté, ainsi nous pûmes entrer et l'on nous assigna pour logement l'ancien collège
dont le vaste jardin devait servir à nos travaux. Nous nous empressâmes de nous
abriter dans les salles, mais, bientôt, force nous fut d'en sortir, car, en un moment,
nous fûmes noirs de vermine, et forcés pour nous en débarrasser d'aller nous
plonger tout habillés dans la Sambre. Nous dûmes établir notre bivouac dans le
jardin, mais, dès le lendemain, nous nous occupâmes de déloger l'ennemi et quelques
ablutions à l'eau de chaux suffirent pour en venir à bout.

Le jardin devait servir à l'établissement des fourneaux de la tente destinée à
couvrir l'aérostat : ce n'était point simple alors d'obtenir le gaz, et nos procédés
étaient tellement coûteux qu'ils ne pouvaient convenir qu'à un gouvernement décidé
à ne reculer devant aucune dépense pour accroître ses moyens de défense. On devait
suivre, en effet, la méthode imaginée par Conté et Guyton de Morveau pour dégager
le gaz hydrogène de l'oxygène par la décomposition de l'eau sur le fer rougi à blanc,
et, pour y parvenir, voici comment on procédait : on construisait sur le lieu même
un grand fourneau à réverbère garni de deux cheminées à chaque bout; le fourneau

CONSTRUCTION DES FOURNEAUX.

[Page 44.]

en briques solidement établi, on y plaçait sept tubes de fonte venant du Creusot, que l'on emplissait préalablement de limaille et de tournure de fer, vannée et purgée de rouille, comme on vanne le grain (manipulation qui, pour le dire en passant, était une de nos plus pénibles corvées); ces tubes, remplis et futés aux deux bouts, placés dans le fourneau, quatre dessous et trois dessus, étaient clos et mastiqués par d'autres briques, de manière qu'il ne restât que deux ou trois regards. A un des côtés du fourneau, on plaçait une cuve longue et élevée qui, par de petits tuyaux adaptés, fournissait de l'eau à chaque tube. A l'autre bout du fourneau, on posait une autre grande cuve carrée, remplie d'eau saturée de chaux, dans laquelle le gaz devait s'échapper pour s'y purger de son carbone. Ces préparatifs terminés, on faisait dans chacune des cheminées un grand feu de menu bois qui était entretenu jusqu'à ce que les tubes de fonte fussent rougis à blanc : l'eau descendant de la cuve supérieure dans chacun des tubes ainsi rougis y déposait sa portion d'oxygène, tandis que l'hydrogène passait dans la cuve inférieure et, s'y purgeant du carbone, se rendait par son excès de légèreté dans un tuyau de caoutchouc qui l'introduisait dans le globe aérostatique, lequel se gonflait à mesure qu'il se remplissait. Toutes ces opérations exigeaient les soins les plus minutieux : le feu devait être entretenu de manière à ce que la chaleur et la flamme restassent également réparties sur tous les tubes ; il fallait veiller à ce qu'il ne se formât sur aucun d'eux ni coulure, ni fente qui pussent donner passage au gaz, et, s'il se produisait une fuite, ce qu'on apercevait par l'apparition d'une petite flamme bleuâtre, il fallait l'arrêter, ce qui ne se faisait en cet état d'incandescence des tubes ni sans peine, ni sans danger. L'opération du remplissage, indépendamment de la construction et de l'installation des appareils, durait ordinairement de trente-six à quarante heures, pendant lesquelles on ne pouvait quitter un instant les fourneaux. Aussi n'était-il pas question alors de suivre l'armée. On se bornait, pour le moment, à l'emploi des aérostats dans les places assiégées, et c'est ce qui avait motivé notre envoi à Maubeuge.

Le jardin du collège où nos travaux s'organisaient touchait aux remparts et se trouvait couvert par un bastion hérissé de canons qui répondaient souvent à ceux des redoutes ennemies. Nous commencions à nous accoutumer à cette musique, mais il plut bientôt à nos chefs de nous la rendre plus familière : le représentant Guyton de Morveau, qui s'était fait donner une mission spéciale pour surveiller son opération favorite, ne sachant que faire de son temps en attendant notre matériel

qui n'arrivait pas, s'avisa de demander une sortie comme il aurait demandé une
représentation d'opéra-comique. Le général Favreau, commandant à Maubeuge, eut
beau lui faire observer qu'une sortie dans ce moment ne pouvait avoir aucun but
utile, puisque l'armée française manœuvrait pour débloquer Maubeuge et que, en
conséquence, ce serait sacrifier des hommes pour rien, notre chimiste faisait, comme
ses collègues, assez peu de cas de la vie des hommes et, n'ayant jamais vu la guerre
d'aussi près, il voulut s'en donner le plaisir : comme nous étions ses hommes et que
nous n'avions rien de mieux à faire, il nous fit adjoindre aux mineurs et sapeurs du
génie qui devaient détruire les ouvrages de l'ennemi. Nous fûmes donc commandés

pour le lendemain quatre heures du matin et nous nous rassemblâmes à la porte de
Bavey. Au moment où nous y passions, une couleuvrine de 16 ayant jeté son feu,
le bruit perçant et aigu de cette pièce fut tel que mes oreilles en saignèrent et que,
voyant couler mon sang, je me crus mort ou du moins blessé. On m'essuya, on se
moqua de moi et, devenu brave par amour-propre et par nécessité, je rappelai mon
sang-froid et marchai fort résolument à côté de notre capitaine, qui, tout aussi peu
accoutumé que nous au feu, ne bronchait pas devant cet infernal carillon. Le premier

coup de collier nous fut favorable : on pénétra dans la première redoute ennemie et les Autrichiens en délogèrent. Pendant ce temps, on nous faisait démolir quelques maisons du faubourg dans lesquelles l'ennemi s'abritait du feu du rempart, et, comme nos troupes s'étaient portées en avant, nous croyions y être hors de portée de la mousqueterie, si nous n'étions pas à l'abri du canon — près de nous un capitaine d'artillerie venait d'avoir les deux jambes emportées par un boulet — mais les balles continuaient à nous siffler aux oreilles : c'était un poste de Hollandais qui, placé dans une de ces maisons à abattre, n'avait pu effectuer à temps sa retraite et se croyait obligé d'utiliser à notre profit ses cartouches. Bien leur prit que le général vînt à passer près de nous et les reçût prisonniers, car nous voulions les griller dans leur bicoque pour leur apprendre à vivre.

Après cette belle équipée, qui nous coûta cinq à six cents hommes hors de combat pour satisfaire au caprice de Monsieur le Représentant, nous rentrâmes en ville. Dans la compagnie il nous manquait deux hommes : l'un, vieux troupier, couvert de blessures, qui s'était enrôlé parmi nous pour sentir encore la poudre et ne pas aller aux Invalides. Aux premiers coups de canon, il nous avait quittés en disant qu'il n'avait pas envie de recevoir des coups sans les rendre, il avait saisi le premier fusil abandonné et s'était élancé, lui troisième, sur le glacis d'une redoute : il y reçut un coup de fusil qui le traversa de part en part; un mois après il n'y paraissait plus et il obtenait son congé définitif avec son admission aux Invalides. L'autre camarade était un méchant gamin, fils d'un boucher de Versailles, qui nous arriva, un peu avant la fermeture des portes, noir de poudre des pieds à la tête, chargé de deux fusils et de deux sacs autrichiens et se vantant d'avoir tué son dernier ennemi quand il était désarmé et lui demandait la vie à genoux. Cette vanterie de boucher nous indigna et nous priâmes le capitaine de nous en débarrasser, ce qu'il fit en l'incorporant dans une demi-brigade.

Pendant la sortie, tous nos appareils étaient arrivés à Maubeuge et il fallut immédiatement se mettre à l'œuvre. Pour la direction générale, le capitaine Coutelle se la réservait : le premier lieutenant qu'il s'était adjoint était un ancien maître maçon, qui savait peut-être ce qui était de son état. Le second lieutenant, très aimable jeune homme, fils d'un physicien distingué, fort instruit lui-même dans cette partie, très gai, très bon enfant, nous convenait en conséquence beaucoup sous tous les rapports. Notre travail était fort rude : il fallait faire tous les métiers, maçon, charpentier, serrurier, scieur de bois ; tout ce dont nous n'avions jamais eu la moindre idée, était entrepris et terminé par la seule volonté de réussir et surtout par l'exemple de notre chef, qui se mettait toujours le premier à la besogne

et nous prouvait en en venant à bout qu'il n'y a rien d'impossible au zèle et à l'intelligence. Nous étions quelquefois honteux de voir un homme de plus de cinquante ans plus actif et plus infatigable que des jeunes gens de notre âge : heureusement je me portais bien et, comme j'avais le désir de m'instruire, le capitaine ne tarda pas à me prendre en amitié et il m'en a toujours donné des preuves.

Au milieu de tous ces travaux, sous le feu de l'ennemi, dont les boulets passaient par-dessus nos têtes pour aller tomber dans le camp retranché, ne nous vint-il pas à l'esprit de donner un bal aux dames de Maubeuge ! Le beau sexe était rare dans cette ville : tout ce qui tenait à l'aristocratie avait déserté depuis longtemps ; il ne restait que le petit commerce, les femmes et les filles d'employés ; nous trouvâmes tout cela encore trop bon pour nous, qui n'avions aucune raison de nous montrer difficiles, car, sous nos tristes costumes d'ouvriers, on n'eût guère soupçonné de jeunes fashionables ; mais, ce jour-là, nous revêtimes l'habit bleu à parements et revers noirs, avec les boutons aérostiers, et c'est dans cette parure que nous nous présentâmes. Notre petite fête se passa fort bien : on dansa beaucoup, parce que cela n'arrivait pas souvent et que nous avions nos jambes de vingt ans ; les rafraîchissements furent très exigus et se bornèrent à de la bière et des échaudés. La pâtisserie manqua, mais la gaité et l'entrain ne se ralentirent que vers le matin. Chacun enfin se retira fort content : Pour moi, j'avais dansé presque toute la soirée avec une certaine demoiselle, fille d'un libraire de la ville, venue au bal avec sa tante et courtisée, disait-on, par un de nos camarades. Ladite demoiselle, apparemment contente de son danseur, lui avait fait de ces petites agaceries qui permettent d'espérer mieux et l'avaient mis en goût d'en faire l'épreuve. Lors donc qu'on se retira, la tante s'empara du bras du soupirant qui offrait à ces dames de les éclairer au moyen d'une torche de résine qu'il portait à la main et je me présentai bien vite à la nièce qui accepta mon bras. Nous voilà donc cheminant doucement derrière la tante et les doux propos allaient leur train, si bien que, au détour d'une rue, la lueur de la torche venant à nous manquer, nous nous trouvâmes forcés de nous parler de plus près pour nous entendre. Nous étions à ce point absorbés que nous ne vîmes point le rival et la tante revenir sur leurs pas et la lumière nous atteignit au moment où il était difficile de douter de ce que nous nous disions. Mon rival ne souffla mot dans le premier moment, mais je lui avais vu faire une terrible grimace et, au retour, il me dit d'un ton rogue que nous nous reverrions. Je dus m'attendre à quelque méchante affaire et, dès le matin, je descendis dans les casemates pratiquées pour se mettre à l'abri des bombes. J'y rencontrai quelques camarades auxquels je proposai de nous exercer à tirer le pistolet (notre armement ne se composait que d'un briquet et d'une paire de pistolets d'arçon qui n'étaient pas en trop bon état). Nous voilà à charger nos armes, à préparer un but et, comme nous étions embarrassés pour ce dernier, un de nous offrit son couteau, un eustache à manche pendant, qu'on plaça dans une gerçure de la muraille : quand vint mon tour, je me mets en position, je vise à peine et, de ma première balle, je casse en morceaux le malheureux manche. Tout le monde se récrie, on me félicite ; j'ai beau dire que c'est un coup de raccroc, on n'en veut rien croire, et mon rival, qui est survenu pendant nos épreuves, est un des premiers

à me faire compliment sur mon adresse. Il ne fut pas plus question de son humeur de la veille que s'il n'en avait jamais eu.

Les circonstances devenaient chaque jour plus sérieuses ; nos travaux avançaient et absorbaient toutes nos forces et toutes nos facultés : jour et nuit nous étions sur pied pour seconder notre infatigable capitaine et nous mettions presque autant d'amour-propre que lui à venir à bout d'une entreprise qui n'avait pas encore eu sa

PREMIÈRE ASCENSION.

(Page 50.)

pareille en Europe. Enfin, les fourneaux furent achevés, l'aérostat fut gonflé et on put penser à la première ascension. L'aérostat enlevait facilement deux personnes et cent vingt à cent quarante livres de lest. Ce lest était de la terre ou du sable enfermé dans des sacs en toile ou canevas qu'on vidait à mesure de la déperdition de la force ascensionnelle : on sent bien que le but que l'on se proposait en élevant cette tour d'observation eût été manqué si, au lieu de s'élever en ballon captif, c'est-à-dire retenu par deux cordes, on fût monté à ballon libre, car la descente ne s'effectuant pas au lieu du départ, les rapports de l'observateur n'eussent pas conservé l'à-propos qui en faisait le mérite. Il avait donc fallu que l'aérostat demeurât stationnaire, et l'on avait adapté à la corde hémisphérique du filet deux autres cordes filées exprès qui portaient environ quatre cents mètres de longueur et que l'on pouvait, en cas de besoin, allonger encore jusqu'à dix-huit cents pieds.

Notre première ascension se fit au bruit du canon et aux hourras de toute la garnison. Le rapport fait, à la descente, par l'officier du génie qui avait accompagné le capitaine fut tellement clair et circonstancié qu'il paraissait impossible désormais que l'ennemi fît un mouvement qui ne fût pas aussitôt connu dans la place. On s'aperçut, par exemple, que le nombre de tentes dressées dans le camp était bien supérieur à celui nécessaire pour l'effectif qui les habitait : nos observateurs avaient pu en juger, car, avec leurs lunettes, ils comptaient les carreaux de vitres à Mons, qui est distant de cinq lieues de pays. L'effet produit dans le camp autrichien par ce spectacle si nouveau fut immense, et les chefs ne tardèrent pas à s'apercevoir que leurs soldats croyaient avoir affaire à des sorciers. Ils résolurent donc d'abattre, s'il était possible, une aussi fatale machine. Dès qu'ils eurent reconnu que, chaque jour, l'aérostat s'élevait dans le même emplacement, derrière le même cavalier, ils firent placer deux pièces de quatre dans un chemin creux, et lorsque, le matin, l'aérostat s'éleva majestueusement dans les airs, un premier boulet, passant au-dessus de l'enveloppe, alla tomber à toute volée dans le camp retranché ; puis, aussitôt, un autre boulet frisa le dessous de la nacelle où était notre capitaine, lequel accueillit la double détonation par le cri de « *Vive la République !* » Cette explosion ne nous mit pas, nous autres, en si belle humeur, car nous calculions que les boulets, manquant leur effet, pourraient bien être remplacés par des bombes ou des obus qui, tombant dans le jardin où nous tenions les cordes, auraient fort dérangé le personnel et le matériel de l'ascension. Cette idée ne vint pas aux ennemis, ou plutôt on ne leur en donna pas le temps, car, dès le lendemain, on fit venir de Lille un certain sergent d'artillerie, qui, sur le seul aspect du terrain, promit au général de démonter les pièces qu'on pourrait amener au lieu d'où l'on avait tiré sur l'aérostat. Probablement cette promesse fut connue de l'ennemi, car il ne se représenta pas et nous laissa dorénavant faire tranquillement nos observations.

On a grand raison de dire que l'appétit vient en mangeant. Guyton de Morveau avait obtenu un succès qu'il n'espérait peut-être pas, en réussissant à déjouer les projets d'une armée de siège, mais cela ne lui suffit pas ; il étendit sa prétention et voulut transporter à volonté cette tour, comme s'il ne s'agissait que de cette artillerie légère dont on venait tout dernièrement de perfectionner la célérité.

L'armée de Sambre-et-Meuse, aux ordres du général Jourdan, se portait rapidement sur la Meuse, et déjà Charleroy était investi. On prévoyait que, à la suite de cette manœuvre, les Autrichiens se retireraient de devant nos places pour aller rejoindre leur grande armée, qui marchait dans l'intention de faire lever le siège de Charleroy. Aussitôt, l'idée de nous faire servir à ce siège vint à nos chefs, et les obstacles nombreux qui se présentaient ne firent qu'exciter leur impatience et les engager à en précipiter l'exécution.

L'aérostat était rempli ; sa force ascensionnelle était bien connue, mais il s'agissait de le faire sortir d'une ville entourée d'une triple enceinte de remparts et de fossés, gardée de trois côtés par des forces importantes, qui, au premier éveil, devaient le pulvériser, ainsi que le petit nombre d'hommes chargés de le conduire. Une machine ronde de trente pieds de diamètre, élevée nécessairement à plus de trente pieds du sol, se dissimule difficilement et c'est pourtant ce que nous parvînmes à faire.

Nous passâmes un jour et une nuit à faire nos préparatifs : l'hémisphère du filet fut garni de seize cordes d'une longueur suffisante ; un homme fut spécialement chargé de chacune de ces cordes, et, vers deux heures du matin, nous nous acheminâmes vers le premier rempart, qui tenait au jardin du collège. Les échelles étaient prêtes pour notre descente dans le premier fossé : une moitié des seize hommes descendit en allongeant les cordes, tandis que l'autre moitié attendait sur le revers ; puis celle-ci descendit à son tour, pendant que l'autre moitié remontait, et tout cela de façon que l'aérostat ne dépassât pas, ou du moins de très peu, la crête des glacis ; les trois enceintes furent franchies de cette manière et dans le plus grand silence. Le jour ne paraissait pas encore que nous avions gagné la route de Namur, et rien ne semblait plus menacer notre sécurité. Mais, au lever du soleil, le vent s'éleva brusquement, et comme la route que nous suivions était garnie d'une rangée de grands pommiers, il était à craindre que le vent ne jetât l'aérostat sur les branches, où sa frêle enveloppe aurait pu se déchirer : nous fûmes donc obligés de prendre à travers champs, ce qui n'était pas plaisant pour des fantassins. Nous étions à la fin de juin ; la chaleur s'annonçait étouffante ; on comptait au moins quatorze lieues de pays entre Maubeuge et Charleroy, et les

chemins, servant surtout au transport des houilles et des charbons de terre, étaient partout couverts d'une poussière noire : c'était un coup d'œil surprenant que notre machine se soutenant seule au milieu des airs, conduite ou plutôt suivie par une trentaine d'individus, presque nus à cause de la chaleur et couverts seulement d'une poussière de charbon qui nous rendait méconnaissables à nous-mêmes. Ne pas oublier que c'était la première fois qu'un aérostat paraissait dans ces contrées superstitieuses. Quand il se trouvait un puits sur notre passage, c'était à qui s'y abreuverait et, comme aucune auberge ne se rencontrait au milieu de ces terres labourées ou en friche, il fallut se contenter de quelques morceaux de pain dus à la bienveillance de quelques bons Flamands.

Nous n'étions pourtant pas au bout de cette cruelle journée : le soir approchait et l'on annonçait le voisinage de l'armée, quand un bruit infernal de musiques militaires, un nuage immense de poussière qui nous enveloppe entièrement nous apprennent que le général en chef, suivi de tout son état-major, est venu au-devant de nous pour nous faire honneur. A l'aspect de l'aérostat, un hourra général s'élève, et tout ce monde, musique en tête, se met à galoper devant nous et nous conduit ainsi jusqu'à une ferme brûlée, où nous déposons l'aérostat. Je n'ai jamais su que par ouï-dire ce qui m'arriva ce soir-là : je me trouvai le lendemain couché sous l'aérostat, presque enterré dans un tas de paille ou plutôt de fumier, d'où sortait, ici et là, un bras et une jambe des pauvres diables qui s'y étaient battus la veille ; auprès de moi était mon bon compagnon, le curé de S..., qui ne m'avait pas quitté et auquel je demandai si je n'étais pas aussi défunt. Il me répondit que j'avais l'air d'être très vivant et que, lorsque j'aurais déjeuné, il n'y paraîtrait plus. Je le crus ; je me levai et je fis bien, car, l'instant d'après, on nous annonça une ascension pour reconnaître l'état de la place que l'on pressait de capituler. Cette ascension eut lieu par le plus beau temps du monde, et, pendant ce temps, le canon et les bombes allaient leur train. J'ignore si nous coopérâmes à décider le commandant à se rendre : ce qu'il y a de certain, c'est que la capitulation fut signée et que le soir même nous allâmes voir partir la garnison hollandaise, à laquelle on avait accordé les honneurs de la guerre, mais qui n'en restait pas moins prisonnière. Je me souviens très bien de l'humeur qui se manifesta sur la figure du général hollandais lorsque, à peine passé dans nos rangs, il entendit retentir au loin un coup de canon suivi bientôt de plusieurs autres. « Messieurs, dit-il à nos généraux qui l'entouraient, si j'avais entendu quelques heures plus tôt ce signal, vous ne seriez peut-être jamais entrés dans Charleroy. » L'événement prouva qu'il avait raison : ce canon était celui de l'armée qui venait débloquer Charleroy, et si cette ville n'avait pas été prise le jour de la bataille de Fleurus, l'armée française eût probablement subi une défaite complète.

Charleroy rendu, nous reçûmes l'ordre de nous porter en avant avec le quartier général, qui s'établit au village de Gosselies. Les Autrichiens s'avançaient de leur côté sous les ordres du prince de Cobourg et tout annonçait une collision prochaine.

Nous couchâmes dans une grange et, dès quatre heures du matin, le 8 messidor (26 juin 1794), un aide de camp nous apporta l'ordre de nous rendre sur le plateau

du moulin de Jumcy, où se plaçait le quartier général. La plaine de Fleurus peut se comparer à nos plaines de la Beauce, où l'œil parcourt aisément dix lieues d'horizon : le moulin de Jumey s'élevait à peu près au centre de nos positions et se détachait sur un petit monticule. Je fus détaché avec un de mes camarades pour aller chercher des vivres dans un des hameaux placés entre la ligne du quartier général et celle des avant-postes, où l'action était déjà engagée : nous fîmes notre course rapidement ; mais, quand nous revînmes, l'aérostat s'était élevé et son disque éclatant nous servait de point de ralliement. Nous trouvâmes, au pied du moulin, le général

Jourdan et le fameux représentant Saint-Just en grande conférence. Ce dernier, en mission près de notre armée, me parut un jeune homme d'une figure assez douce, peu imposante. Sur son front perçait déjà quelque inquiétude. Pour nous, dans ce moment, nous ne songions qu'à déjeuner, pendant que notre capitaine et le général de division Morlot, élevés à plus de douze cents pieds, s'occupaient de leurs observations. Vers midi, les communications des observateurs avec la terre devinrent plus fréquentes. Elles avaient lieu au moyen de sacs de lest dont on annonçait l'envoi par des signaux : les sacs ici contenaient un écrit et n'étaient confiés qu'à l'officier des aérostiers, chargé lui-même de les remettre aux mains du général. Ces fréquentes missions nous parurent avoir une signification qui se manifestait encore par le rembrunissement des figures de messieurs de l'état-major. Le canon semblait se rapprocher dans toutes les directions, ce qui annonçait assez clairement que l'ennemi avançait, et deux heures ne s'étaient pas écoulées que le mouvement de retraite ne fût très prononcé; nous nous amusions cependant à regarder les nombreux prisonniers qu'on amenait au quartier général : tous ces hommes, Hollandais, Allemands, Moldaves, Valaques, regardaient d'un œil stupide cette énorme machine élevée dans les airs, semblant s'y soutenir seule, car à peine apercevait-on les cordes. Quelques-uns étaient prêts à se jeter à genoux et à l'adorer, tandis que d'autres, lui montrant le poing d'un air farouche, répétaient en leur langue : « Espions, espions, pendus si vous êtes pris. » Cette prédiction nous amusait médiocrement, mais comme, en attendant la pendaison, nous ne voulions pas mourir de faim et que nous avions trouvé du lait pour la soupe. nous nous apprêtions à la manger, lorsque vint à passer le représentant Saint-Just. Il n'était plus, comme le matin, accompagné de courtisans, il était seul et avait la mine fort allongée. Ma foi ! nous crûmes devoir l'inviter à partager notre frugal repas, mais il nous remercia et passa son chemin, peu curieux de se mêler à des sans-souci tels que nous.

Cependant l'aérostat restait immobile et la retraite s'effectuait sur toute la ligne : on voyait défiler au galop l'artillerie, les caissons, les charrettes de vivandières ; la route de Charleroy était obstruée et nous entendions dire autour de nous que l'ennemi cherchait à la couper en nous rejetant sur la Sambre. L'inquiétude nous prit à notre tour : la perspective d'être pendus à nos propres cordes n'avait rien de réjouissant, et nous vîmes enfin avec un sensible plaisir le signal de descendre l'aérostat et de suivre le mouvement de retraite. On sent bien que le zèle ne nous manqua pas : chacun croyait la bataille perdue ; il était cinq heures du soir et la

FLEURUS.

[Page 90.]

route, couverte de tous les charrois de l'armée, ne nous promettait pas une marche
prompte et facile : tout à coup, le canon qui tout à l'heure se rapprochait s'éteignit
à la gauche de l'ennemi et ne résonna plus que faiblement et par intervalles. Ce
changement à vue nous surprit agréablement; mais nous n'en apprîmes la raison

qu'en arrivant à Charleroy : les
deux ailes de notre armée avaient
fléchi pendant toute cette journée,
notre centre seul avait maintenu
ses positions et le prince de Cobourg, ignorant la reddition

de Charleroy, avait porté sur ce point sa plus
formidable colonne, espérant nous prendre à revers ; mais aussitôt que cette colonne avait paru
devant Charleroy, l'artillerie avait ouvert un feu
épouvantable et l'effroi causé par la surprise avait
été tel que les canonniers autrichiens avaient coupé
les traits des chevaux, abandonné leurs pièces et
qu'une déroute totale s'en était suivie. La journée était donc *nôtre* : nous rentrions
à Charleroy mourant de faim et de fatigue : l'aérostat avait été élevé pendant dix

heures consécutives et, sans prétendre ridiculement qu'on lui devait le gain de la bataille, on ne peut nier que son effet matériel et moral n'eût participé au succès. Nous sûmes d'une manière positive que l'aspect de cette magnifique tour, improvisée au milieu d'une plaine où rien ne gênait l'observation, avait porté une espèce de découragement parmi les soldats étrangers qui n'avaient nulle idée d'une chose pareille. Les mouvements de l'artillerie et des masses ennemies avaient été signalés au général Jourdan aussitôt qu'effectués, et, s'ils étaient changés ou modifiés, une communication du général Morlot en prévenait sur le champ. Cet avantage était immense, mais sans la reddition de Charleroy il est probable que nous nous en serions fort mal tirés.

En arrivant à Charleroy, on nous donna pour abri une maison qui avait été percée à jour par les boulets et nous dûmes aller dormir sur notre paille sans avoir soupé. Le lendemain, nous suivîmes le mouvement de l'armée sur Bruxelles et Namur. Nous revîmes le village de Gosselies et nous fûmes campés dans le bourg même de Fleurus, qui venait de donner son nom à la bataille. Là, on fit un temps d'arrêt, l'ennemi s'étant fortifié à la bifurcation des chemins de Bruxelles et de Namur, au lieu dit les Quatre-Bras. Il fallut emporter cette position par une collision nouvelle, mais, après cette affaire qui fut assez sérieuse, car elle dura toute une journée, la route de Bruxelles était libre et nous y entrâmes deux jours après en triomphateurs.

Je ne décrirai pas le reste de cette campagne, qui nous mena de Bruxelles à Liége, de Liége à Aix-la-Chapelle, où l'on nous assigna nos quartiers d'hiver. J'y pris bientôt de douces habitudes près d'une des plus jolies personnes de la ville, et elles allèrent jusqu'à me faire écrire à mon tuteur une lettre très sentimentale afin de lui demander son consentement à mon mariage. Je n'eus pas le temps d'avoir la réponse. On formait une deuxième compagnie, dont je venais d'être nommé second lieutenant et je reçus l'ordre de me rendre à Paris.

Je n'y fis qu'un très court séjour. Il avait été décidé que la première compagnie se rendrait à l'armée de Sambre-et-Meuse, commandée par le général Jourdan, et que le capitaine Coutelle organiserait la seconde, attachée à l'armée du Rhin, commandée par le général Pichegru. Nous devions éclairer le siège de la ville de Mayence, devant laquelle le général Lefebvre était arrêté depuis onze mois. Je partis donc avec Coutelle pour Creutznach, où nous devions établir le parc de l'aérostat : nous y restâmes le moins possible, car nous avions hâte de nous rendre devant Mayence, où nous étions attendus. Il est difficile de se faire une idée de l'aspect que présentaient les environs de cette ville : tout avait été ravagé à six lieues à la ronde ; pas un village, à peine une malheureuse chaumière nous offrait-elle un abri ; il n'était resté que quelques Juifs qui cherchaient à tirer du soldat le peu d'argent, ou plutôt d'assignats, qu'il recevait pour sa solde. La moitié du temps les charrois de pain manquaient, et quel pain ! un mélange de son et de paille hachée, bon tout au plus à reconstruire les murs des chaumières. Nous étions réduits à envoyer la nuit jusqu'à trois et quatre lieues du camp des soldats qui disputaient aux paysans quelques sacs de pommes de terre. C'est dans cet état de misère que nous restâmes plus d'un an devant Mayence. A notre première ascension, les généraux autrichiens ayant demandé

un armistice, vinrent hors de la place assister à notre opération. L'ascension fut fort belle : le capitaine et un officier du génie planèrent une bonne heure à portée de canon des remparts et nous fîmes galamment les honneurs de ce qui restait à terre ; on causa assez cordialement et, après avoir assisté à la descente des observateurs, chacun se retira chez soi fort satisfait de ces civilités réciproques. La seconde ascension fut moins agréable : Coutelle ayant voulu s'élever par un vent très violent fut ramené à terre par une bourrasque qui faillit briser la nacelle et le força à renoncer à son projet. Les hommes souffraient : l'aérostat lui-même, sans abri et fatigué par les intempéries de la saison, avait besoin de réparations. On nous assigna pour hivernage la petite ville de Franckenthal, à deux lieues de Manheim, où le général Pichegru avait son quartier général. Ce fut là que je fis ma première ascension comme officier : elle ne produisit sur moi que très peu d'effet, soit physique, soit moral. J'étais très occupé d'agrès qui fonctionnaient pour la première fois, et ce ne fut qu'au temps d'arrêt que je m'aperçus de l'élévation à laquelle j'étais parvenu. Peu de jours après, on nous manda au quartier général pour commencer notre campagne en passant le Necker.

Pour éviter l'entrée à Manheim, dont il eût fallu, non sans peine, traverser les fortifications, on plaça l'aérostat dans une enceinte fermée avec des piquets et des cordes et on y laissa une sentinelle. Lorsque nous revînmes le soir de chez le général en chef, chez qui nous avions reçu l'ordre de nous porter aux avant-postes, nous nous rassemblâmes dans la tente du capitaine pour régler notre départ. Tout à coup une explosion très forte se fait entendre du côté de l'aérostat. La sentinelle crie : *Aux armes !* Chacun court au bruit et nous trouvons notre pauvre camarade blessé et l'aérostat criblé d'une multitude de trous et de déchirures occasionnées par une grêle de plombs et de petits clous dont avait été chargée l'arme destinée à le mettre hors de service. On eut beau faire des recherches pour découvrir le coupable : la nuit, le voisinage du fleuve, probablement la connaissance des localités, le mirent à l'abri des perquisitions. Il ne nous restait plus qu'à dresser procès-verbal du fait, que l'on porta le lendemain à la connaissance du général en chef, et à vider l'aérostat pour nous assurer de la gravité des avaries qu'il venait de subir. Il paraît qu'on s'attendait déjà à se reporter de ce côté-ci du Rhin, car nous reçûmes l'ordre de nous diriger sur Strasbourg et nous fûmes cantonnés aux environs de cette place. Nous y reçûmes une nouvelle organisation : le capitaine Coutelle fut appelé à Paris et chargé, avec le grade de chef de bataillon, du commandement des deux compa-

GALANTERIE AÉROSTATIQUE.

gnies. La première resta attachée à l'armée du Rhin, dont Moreau devenait général en chef à la place de Pichegru : le premier lieutenant, Delaunoy, en devint capitaine, et je pris sa place. La seconde compagnie, commandée par notre second lieutenant, M. Lhomond, nommé capitaine, passa à l'armée de Sambre-et-Meuse, toujours commandée par Jourdan. Ce mouvement nécessita des allées et venues et je dus faire un voyage de quelques jours à Paris pour chercher mon brevet et renouveler ma toilette, qui se ressentait de nos campagnes. Paris, en pleine misère, était continuellement sous le coup de quelque émeute. Un jour que je traversais, en uniforme, la place du Carrousel, je me trouvai tout à coup au milieu d'une foule de femmes qui allaient en masse demander du pain à la Convention. La première qui m'aperçut s'écria, en me sautant au cou : « Ah ! voilà un de nos défenseurs de la patrie, il faut l'embrasser, » et, poussé au milieu de la troupe, je me vis, nouveau Pâris, poussé, froissé, baisé par toutes ces Hélènes avinées. Quand j'en sortis, tout ahuri de ma corvée, le cœur pensa me manquer et je fus tenté d'aller me purifier dans la Seine comme je l'avais fait à Maubeuge pour me purifier de la vermine du collège.

A mon retour, je trouvai l'aérostat à Molsheim et nous nous apprêtâmes à suivre l'armée qui s'avançait en Allemagne. Elle avait déjà passé Rastadt quand nous la rejoignîmes et se dirigeait sur Stuttgard. Je dois garder pour mes souvenirs intimes une aventure aussi piquante qui m'arriva pendant le court séjour que nous fîmes à Stuttgard. Je dois pourtant en rapporter ici ce qui concerne l'aérostation, parce que le fait d'une dame assez hardie pour monter à cette époque dans un aérostat ne se représenta qu'une fois à notre première compagnie, où le capitaine Lhomond s'éleva avec une dame à Wurtzbourg tandis que j'en faisais autant à Stuttgard : la différence était que ma compagne de voyage était une demoiselle, qu'en la ramenant à terre j'étais fort amoureux et que selon mon habitude, du reste fort morale, je voulais à toute force me marier. Ici, comme à Aix-la-Chapelle, après quatre jours d'un feu inextinguible, nous reçûmes l'ordre de partir et il fallut se séparer pour ne jamais se revoir. J'avais pourtant bien promis de revenir et de l'enlever, s'il était nécessaire, mais l'homme propose et les événements disposent.

Nous arrivâmes le même soir au quartier général à Donawerth, après une aventure où l'*épouse* de notre capitaine, gourmande comme une chatte, faillit nous faire faire un mauvais parti par des paysans en emportant sans payer une magnifique volaille qui avait excité sa convoitise, et, dès le lendemain, nous dûmes faire une ascension pour reconnaître où se trouvaient les principales forces de l'ennemi dont l'armée garnissait l'autre rive du Danube. Nous ne laissions pas que d'être inquiets de cette opération, parce que nous nous étions aperçus pendant la marche que l'aérostat rempli et suivant l'armée depuis deux mois, avait perdu de sa force ascensionnelle et que nous craignions de rester court si l'on nous donnait quelque gros général pour compagnon de voyage. Dans ces occasions, c'était toujours moi que regardait la corvée en ma qualité de plus mince et de plus jeune. Ce jour-là, il manqua m'en coûter cher. L'ennemi avait reculé pendant la nuit, et le général, averti à temps, avait fait franchir le fleuve sans nous attendre ; mais avant de partir, il avait envoyé un aide de camp inviter notre capitaine à laisser monter dans la nacelle le prieur d'un couvent de Bernardins où il avait logé, lequel prieur désirait fort avoir une idée de ce que l'on éprouvait en s'élevant vers le ciel. Nous

LA RETRAITE.

[Page 64.]

ces secousses et ces craquements que j'avais ressentis. On s'étonnait que des cordes, grosses seulement comme le petit doigt, eussent été capables d'y résister. Le capitaine s'était absenté quand je descendis. J'en fus fort aise, car mon premier mouvement eût fort bien pu m'écarter des règles de la discipline; mais, lorsque je le retrouvai tête-à-tête, je lui dis que j'avais eu la niaiserie de jouer ma vie sur un de ses sots propos, mais que, dorénavant, je n'en ferais qu'à ma tête lorsque ses ordres me paraîtraient ridicules. Il n'en fut que cela et nous partîmes pour Augsbourg.

Malheureusement il fallut bientôt quitter cette charmante petite ville : Tandis que Moreau s'avançait au cœur de l'Allemagne pour donner la main à l'armée d'Italie qui marchait par le Tyrol, Jourdan qui devait le soutenir avec l'armée de la Sambre s'était laissé battre à Wurtzbourg et se voyait forcé de se retirer devant l'archiduc Charles qui, par cette manœuvre, menaçait les derrières de l'armée du Rhin. Moreau, alors à Munich, se décida à opérer sa retraite et nous reçûmes l'ordre de nous retirer par le plus court chemin.

Mais ce chemin était déjà infesté par les troupes légères de l'ennemi. En conséquence, il fallut nous joindre à d'autres corps et marcher militairement. L'aérostat fut vidé, l'enveloppe chargée sur un fourgon et, un convoi d'artillerie se trouvant prêt à partir, nous nous réunîmes au détachement qui l'escortait, ce qui forma avec la compagnie un effectif d'environ 200 hommes, mal armés, car nous n'avions que nos sabres, les pièces n'avaient pas de munitions et nous avions à parcourir plus de cinquante lieues de pays. La première journée se passa fort bien, la seconde commença de même et déjà nous respirions lorsque, la sortie d'un village, sur la route qui, à cet endroit, était bordée à quelque distance de collines assez élevées, nous aperçûmes un corps de cavalerie assez nombreux marchant parallèlement à nous et dont les armes reluisaient au soleil. Les artilleurs coururent à leurs pièces qui n'avaient que deux gargousses à tirer et nous continuâmes ainsi notre chemin sans que l'ennemi se mît en devoir de nous attaquer. Il nous suivit encore le lendemain, mais nos pièces de campagne et notre bonne contenance lui en imposèrent et, en arrivant à Rastadt, il nous avait quittés. Nous arrivâmes sains et saufs à Strasbourg et de là à Molsheim où le parc de l'aérostat était établi.

Cette fameuse retraite de Moreau avait mis fin à la campagne active et j'obtins un congé pour me rendre à Paris; je n'y restai que le temps strictement nécessaire pour mes affaires. J'avais hâte de retourner à Strasbourg où je fus autorisé à transporter notre parc à la Robertsau, aux portes mêmes de la ville. Pendant que je me plaisais à faire valser les jolies alsaciennes, deux fois la fortune sembla m'offrir des occasions d'avancement militaire que je laissai échapper. D'abord ce fut l'expédition d'Égypte : Coutelle, notre commandant, friand comme il l'était de toutes les aventures, avait demandé qu'une de ses compagnies y fût adjointe. Il fut donc décidé qu'un aérostat serait embarqué et la seconde compagnie fut désignée; par suite d'une erreur des bureaux, la première partit, mais la bataille d'Aboukir anéantit le matériel, les hommes furent utilisés dans les compagnies du génie où les officiers prirent rang et Coutelle accoutré d'un costume d'Arabe alla jusqu'en Ethiopie explorer les sources du Nil.

La secondeoccasion fut plus étrange et moins guerrière. La guerre menaçait

de se rallumer avec l'Empire. Les généraux rejoignaient de toutes parts et l'on attendait à Strasbourg l'arrivée de Jourdan nommé général en chef de l'armée du Rhin. Un soir que je rentrais à l'hôtel de France où je logeais, j'entendis un grand bruit : une grande voiture de voyage s'arrêta devant la porte, j'en vis sortir le général que je reconnus parfaitement, mais qui me parut vieilli, et qui, à ma grande surprise, se retourna pour donner la main à une personne portant une espèce d'uniforme, c'est-à-dire vêtue d'une redingote bleue et coiffée d'un chapeau à grand plumet. Cette personne, s'appuyant familièrement sur le bras du général, recommanda d'un ton de voix très haut, mais assez singulier, qu'on eût grand soin de ses cartons et qu'on les montât de suite dans ses appartements. J'étais resté tout abasourdi sur le palier, quand le prétendu aide de camp passa devant moi, jeta un regard de mon côté, parut surpris à son tour, mais continua son chemin sans tourner la tête et riant aux éclats avec le général. « Parbleu, me dis-je, voilà qui est plaisant, je jurerais presque que j'ai connu de près monsieur l'aide de camp, c'est sans doute une ressemblance, mais elle est frappante. » Je m'en allai rêvant à cette singularité ; en rentrant, on m'apprit qu'un domestique du général était venu s'informer si je demeurais à l'hôtel et m'engager dans ce cas à passer le lendemain matin chez le général, en demandant à parler à son premier aide de camp. Désormais, plus d'incertitude ; je savais à qui j'avais affaire, mais le souvenir de ce qui s'était passé ne laissa pas de m'inquiéter sur les suites de ce rendez-vous. Un mot de confession est nécessaire : On se souvient que j'avais eu à Aix-la-Chapelle une velléité de mariage qui avait échoué devant les nécessités du service. Ce premier feu s'était éteint, d'abord par l'absence, mais aussi par les rapports de jeunes officiers de ma connaissance qui m'avaient prouvé quel rôle de dupe j'allais jouer. Il m'en était resté un ressentiment profond quoique mélangé de sensations très amoureuses, de façon que rencontrant ma conquête à Paris lorsque j'y fus appelé pour mon grade de premier lieutenant, je combinai tellement ma colère et mes désirs que je profitai d'un caprice pour satisfaire les uns et que je contentai l'autre en partant le lendemain sans dire adieu ni merci. Certes le délit était notoire ; on pouvait m'en avoir gardé rancune et c'est ce que j'allais savoir le lendemain, car je ne pouvais me dispenser de répondre à l'assignation.

Je me présentai donc de bonne heure chez monsieur l'aide de camp qui, n'en déplût à son titre, occupait l'appartement d'honneur et je fus admis dès que je fus nommé. Je le trouvai à demi couché sur un sopha, dans son costume masculin assez coquettement arrangé pour que l'on pût se douter de ce qu'il cachait. Il me fit signe de m'asseoir et lorsque le domestique se fut retiré : « Avouez, me dit-il — ou plutôt me dit-elle, — que je serais en droit de vous quereller de la manière plus que leste dont vous avez reconnu mes bontés, mais, comme j'ai coutume de rendre le bien pour le mal et que j'aime mes amis pour eux autant que pour moi, dites franchement si dans la position où je me trouve je puis être utile à votre avancement ou à votre fortune : ne craignez pas d'abuser de mon crédit; je ne vous offre rien qu'il ne me soit facile de réaliser. — Je le crois, lui repartis-je en riant, mais ma fortune s'est améliorée depuis notre dernière entrevue, l'état militaire me

fatigue et m'ennuie; toute mon ambition est de le quitter aussitôt que la paix me le permettra : je compte alors donner ma démission et m'en aller à Paris jouir du peu de bien que je possède et que je ne désire pas augmenter. — Ainsi, vous refusez mes offres, me dit-elle. Eh bien! à la bonne heure; mais, si vous en aviez besoin, souvenez-vous que vous me trouverez toujours dans les mêmes dispositions et j'espère qu'à mon retour à Paris, à la fin de cette campagne, ma position y deviendra telle que les moyens ne me manqueront pas pour être utile à mes amis. » Elle me tendit sa blanche main que je baisai bien respectueusement et je sortis, enchanté d'en être quitte pour un aussi amical entretien.

Ce que je lui avais dit au reste était la pure vérité. Nous nous apercevions que nos puissants protecteurs avaient cessé d'être influents dans les conseils du gouvernement. Nous n'étions plus servis comme nous avions l'habitude de l'être, nos demandes restaient sans réponse dans les cartons du ministère, et quoique nous eussions tout préparé pour entrer en campagne, dès que la campagne s'ouvrirait, nul ordre ne nous venait. Voyant qu'on ne me faisait que des réponses évasives, je prévis une dislocation et pour me mettre à l'abri d'une translation qui eut contrarié mes projets, j'adressai au ministre ma démission appuyée de certificats de médecins de l'armée et fondée sur le délabrement de ma santé qui me forçait de quitter le service.

Avant qu'elle fût acceptée, j'eus le temps de revoir passer à Strasbourg Jourdan, toujours accompagné de son précieux aide de camp. Il paraît qu'il avait prétendu tout mener à l'armée, le Gouvernement s'en était ému et avait rappelé le général en chef.

Le capitaine m'apporta enfin mon congé définitif : Je fis aussitôt mes adieux à mes camarades qui, je puis le dire, ne me virent pas partir sans regret, car nous avions vécu dans la plus parfaite harmonie, et, dans ma carrière militaire, je n'ai eu ni à subir ni à ordonner une punition. Très peu de temps après, le corps des aérostiers était dissous.

LE COMBAT DE NICOPOLIS

(1799)

D'APRÈS LES MÉMOIRES DU GÉNÉRAL CAMUS DE RICHEMONT

Le gouverneur général des Iles Ioniennes, en présence des nouvelles d'une déclaration de guerre de la Turquie et d'une coalition générale de l'Europe contre la France, avait résolu d'occuper sérieusement Prévesa, un des quatre territoires que nous possédions sur le continent, le seul qui fût susceptible d'être fortifié, et avait, à cet effet, prélevé cinq cents hommes sur les garnisons de Zante et de Céphalonie. Désigné pour aller y occuper un emploi de mon grade d'officier du génie, j'avais cru devoir, à l'avance, me prémunir d'un bon fusil de munition, armé d'une baïonnette solide. Je m'étais exercé à le manier et à tirer avec promptitude et justesse, car je prévoyais une guerre sauvage et des chances inattendues de combats isolés.

Ce qu'on appelle la ville de Prévesa est situé sur une presqu'île, à l'entrée du golfe d'Actium, si célèbre par la victoire d'Auguste sur Antoine et Cléopâtre. Ce golfe s'enfonce profondément dans l'intérieur des terres suivant la direction du

Nord au Midi. Sa limite, de l'Est au Sud, est formée par une langue de terre assez étroite qui s'élargit progressivement jusqu'à son fond, où est situé le petit territoire de Voniza ; la seconde limite du golfe, sur la gauche, court de l'Ouest au Sud pour se rejoindre à la première, mais elle s'infléchit de manière à mordre dans les terres pour former une péninsule du territoire de Prévesa. L'isthme qui le joint au continent, découpé par les deux inflexions correspondantes de la haute mer et du golfe, forme une vallée droite et assez large, comprise entre deux coteaux s'élevant doucement de part et d'autre. C'est sur ces deux coteaux et sur le sol de la vallée qu'a été construite la ville de Nicopolis, fondée par Auguste en mémoire de sa double victoire.

Cette ville paraît avoir été considérable et importante : le vaste emplacement qu'elle occupait est encore couvert de ses ruines. Le palais proconsulaire se reconnaît visiblement, ainsi que plusieurs autres édifices. La direction d'un magnifique aqueduc est tracée par les hautes et fortes piles qui l'ont supporté et dont un grand nombre est encore debout : toutes ces ruines se trouvent sur le coteau qui monte vers Prévesa. Sur le coteau opposé s'élève un vaste théâtre, assez bien conservé, et dans la vallée qui est entre les deux coteaux on retrouve la trace d'une naumachie qui aurait communiqué aux deux mers.

L'ordre de service qui m'avait été donné pour Prévesa fut également adressé au général La Salcette, qui s'empressa d'arriver. M. le gouverneur crut aussi devoir se transporter sur les lieux et vint sur la frégate *la Brune* se rendre compte de la place. Comme j'étais arrivé le premier et que j'avais eu quelques jours pour examiner la position, je fus appelé et questionné. Je rendis compte de ce que j'avais vu en parcourant les lieux avec d'autant plus de facilité que pas un fusil n'avait encore paru sur le coteau qui s'élevait de l'autre côté de l'isthme, où commençait le territoire ennemi. Interrogé sur la question de défense, je répondis que, à mon sens, la question de défendre ou d'abandonner Prévesa était subordonnée à l'appréciation raisonnée des forces qui pouvaient l'attaquer. Si l'ennemi était hors d'état de nous opposer plus d'un millier d'hommes, je croyais que les cinq ou six cents Français réunis à Prévesa, tous anciens et vigoureux soldats de l'armée d'Italie, étaient parfaitement suffisants pour les battre et les détruire, mais que, s'il s'agissait de quatre ou cinq mille et même de dix mille, comme on assurait que le Pacha de Janina pouvait réellement les présenter, il n'y avait aucune chance de résistance ou de salut, soit qu'on se bornât à défendre la ville, soit qu'on se portât sur l'isthme. J'ajoutai que la disposition de la population, naturellement hostile, ne pouvait nous permettre

RECONNAISSANCE DU TERRAIN

d'espérer d'elle un appui, et que la crainte d'un châtiment épouvantable de la part des Turcs, s'ils étaient vainqueurs, la disposerait plutôt à les seconder qu'à nous soutenir.

M. le gouverneur m'opposa, comme preuve d'une disposition plus favorable de la population, la réunion d'une bande d'Arnautes, aux ordres d'un nommé Christaki, qu'il avait pris à sa solde. Le chef, ce Christaki, était un homme de haute taille, de bonne mine et d'une figure mâle et expressive qui ne manquait pas de dignité. Comme nos anciens chevaliers à la tête de leurs hommes d'armes, il se faisait accompagner, quand il allait et marchait seul, par son écuyer, qui portait ses armes et quelques insignes de son autorité. Le costume de ses hommes était à peu près celui des insulaires de la Grèce : la tête rasée autour du front, des tempes et de la nuque, ne laissant qu'un large disque de cheveux longs qui retombent par derrière et sont couverts à leur sommet par un petit fez couleur pourpre ; des guêtres en velours écarlate ou bleu de ciel, montant à la naissance du genou ; une chemise de forte toile blanche, ou plutôt une tunique, recouvrant un caleçon et tombant comme une large jupe au-dessus des genoux ; par-dessus cette tunique, une veste en velours de même couleur que celui des guêtres, et, par-dessous, une longue ceinture en soie qui soutient deux longs pistolets montés en argent. Un long fusil albanais et un sabre recourbé complétaient l'armement. Cette bande, composée d'une centaine de soldats, de tout point semblable aux bandes de condottieri qui, en Italie, dans les guerres des Guelfes et des Gibelins, se louaient moyennant un prix déterminé aux princes et aux petits Etats qui se faisaient la guerre, acceptait notre solde comme elle eût accepté toute autre et, si nous étions vainqueurs, nous pouvions compter sur elle ; si nous étions vaincus ou seulement menacés par une force évidemment supérieure, elle ne se hasarderait pas à tenter l'issue du combat, elle se hâterait de faire retraite. Heureux, si, pour racheter sa faute, elle ne tirait pas sur nous.

Je ne pus convaincre le gouverneur, qui invoqua encore, comme raison déterminante, le mauvais effet que produirait sur les peuples des îles un acte qui serait attribué à la faiblesse et à la couardise. D'ailleurs, dit-il, la puissance d'Ali Pacha était monstrueusement exagérée ; son devoir à lui, gouverneur, était de défendre Prévesa et il y était déterminé.

On monta à cheval et on se porta sur les lieux : après avoir parcouru l'intérieur et l'extérieur de la ville, on traversa toute la presqu'île pour arriver à la position de l'isthme ; j'en présentai les avantages, en cas qu'elle pût être occupée par une force proportionnée à son étendue, et les dangers, si elle ne devait être défendue

LES TRAVAUX.

(Page 74.)

que par quatre ou cinq cents hommes qui seraient nécessairement débordés et tournés, par conséquent sans retraite possible. Je signalai deux monticules qui éclairaient parfaitement la vallée de l'une à l'autre mer et qui, transformés en redoutes armées d'artillerie, croiseraient leurs feux sur toute la longueur de l'isthme.

On pouvait lier ces deux redoutes par un bon retranchement, et le front, s'il était garni de quatre à cinq cents fusiliers, présenterait ainsi un obstacle très redoutable : mais je fis observer que la distance de chacun des mamelons-redoutes à la mer, laissant de chaque côté de l'ouvrage un large espace accessible à la cavalerie si nombreuse dans les armées turques, pourrait être franchi malgré le canon et que, alors, les défenseurs seraient immanquablement dispersés et sabrés. Cette considération me ramenait à affirmer que la position était beaucoup trop étendue pour être occupée et défendue par quelques centaines d'hommes.

Le général La Salcette appuya vivement mes observations, mais M. le gouverneur, malheureusement trop prévenu contre la prétendue puissance d'Ali Pacha, persista dans sa résolution et me dit de faire exécuter les deux redoutes et le retranchement.

Je n'avais qu'à obéir. Je traçai et profilai les ouvrages, je fis requérir dans la population de Prévesa les travailleurs nécessaires et je formai trois ateliers distincts dirigés et surveillés par mes sapeurs. Ces travaux, poursuivis avec diligence et rapidité, auraient été complètement terminés avant l'apparition de l'ennemi si le monticule de droite eût présenté la même facilité que celui de gauche; mais ce qui ne pouvait être prévu, ce mamelon recouvrait une multitude de sépultures; par conséquent, des vides intérieurs difficiles à rajuster pour conserver la direction des lignes de défense et point de terre pour établir les parapets. L'emplacement ne pouvait être changé sans perdre les avantages de la position et de la protection mutuelle du tracé, et d'ailleurs il était trop avancé pour l'abandonner.

En toute autre circonstance, je me serais félicité d'un accident qui me permettait de fouiller des tombeaux antiques. A chaque instant mes sapeurs chefs d'ateliers m'apportaient des lampes sépulcrales en terre jaune très fine, ne variant que par leurs bas-reliefs bien modelés, d'une grande pureté de dessin et représentant tous des sujets érotiques. On me procura une trentaine de pierres gravées, onyx, cornalines et agathes. Quelques-unes de ces pierres reproduisaient des têtes antiques, historiques et mythologiques : un Alexandre, un Mercure, etc. ; d'autres des quadriges très bien refouillés, et l'une d'elles portait le nom de Laïs, écrit en caractères grecs. Je sais très bien que le nom de Laïs devait être fort commun parmi les femmes grecques, mais il me restait, malgré les mille et mille improbabilités rationnelles, la possibilité que cette pierre eût appartenu à la fameuse Laïs classique. La seule chance de cette unique possibilité lui donnait beaucoup de prix à mes yeux et je ne manquai pas de m'imaginer que je possédais le chaton de la bague dont elle se servait pour signer ses capricieux rendez-vous. Cela m'amusa fort à penser, mais le péril était trop imminent pour que je m'attardasse aux découvertes. Je passais la plus grande partie de la journée au camp pour activer les travaux et soutenir l'ardeur des ouvriers ; j'arrivais le matin de bonne heure et je retournais le soir coucher à Prévesa. Le retranchement qui reliait les deux redoutes était encore imparfait, mais ne laissait pas de présenter un obstacle à l'ennemi et une certaine protection aux défenseurs. Il fut destiné à la bande de Christaki. La redoute de gauche fut armée de quelques méchantes pièces vénitiennes du calibre de 3 et celle de droite était trop imparfaite encore pour pouvoir être occupée.

Le 2 brumaire de l'an VII de la République, c'est-à-dire le 23 octobre 1799, le commandant du camp fait connaître que l'ennemi a enfin paru : à la pointe du jour, il a attaqué les avant-postes avec cinq ou six cents hommes; on s'est longtemps battu sur les ruines du grand théâtre, que l'ennemi a été contraint d'abandonner, mais il se montre sur la colline avec de très grandes forces et une nombreuse cavalerie. J'avais reçu pareil avis de l'officier des sapeurs ; je me rendis de suite auprès du général, que je trouvai prêt à partir. Il avait donné ses ordres et avait pris quelques mesures de prudence dans la prévision des événements : cinquante hommes étaient laissés à Prévesa pour contenir la population et garder l'embarcadère ; pareil nombre devait se mettre en bataille en avant de la ville pour protéger la retraite si elle devait avoir lieu, et, dans ce cas, les quelques canonniers qui servaient à la batterie du goulet devaient, avant de se retirer, enclouer leurs canons, afin que les bâtiments français qui se trouvaient dans le golfe pussent en sortir avec sécurité et prendre le large. Le capitaine Blanc et l'adjudant-major Tissot avaient le commandement de ces détachements. Les dernières instructions données, nous montons à cheval et nous nous hâtons de gagner le camp de Nicopolis.

En arrivant, un premier coup d'œil jeté sur la colline occupée par l'ennemi suffit pour nous faire comprendre l'impuissance de tous nos efforts et toutes les conséquences d'un désastre inévitable : ni retraite, ni résistance possible ! Nous étions en face d'un véritable corps d'armée qu'on ne pouvait évaluer, à raison de son étendue et de sa profondeur, à moins de 12 à 15,000 hommes. Déjà la bande de Christaki s'était dispersée, nous n'avions donc pas 400 soldats à opposer à l'ennemi, étant déduits les deux détachements restés à Prévesa. L'effectif total aux ordres du général La Salcette se composait en effet ainsi qu'il suit : 18 artilleurs de la 7ᵉ compagnie sédentaire, 41 sapeurs de la 5ᵉ compagnie du 2ᵉ bataillon, 281 hommes de la 6ᵉ demi-brigade et 100 de la 79ᵉ : au total, 440 hommes. Il y en avait donc moins de 340 au camp. L'heure fatale avait sonné pour nous. Il fallait mourir, mais en désespérés et vendre chèrement notre vie. Nous mettons pied à terre et nous attachons nos chevaux au premier buisson venu.

Le général fait rentrer la compagnie de grenadiers qui s'était battue toute la matinée et avait débusqué l'ennemi de sa position. Son lieutenant, Le Roy, avait été tué et son capitaine blessé grièvement. Il range en bataille sa poignée de soldats et laisse les canonniers dans la redoute de gauche avec quelques hommes. Il m'assigne sur la droite une position dominante, pour suppléer au défaut de la redoute qui n'avait pu être terminée. Je l'occupe avec deux misérables pièces de trois, montées sur deux affûts vermoulus de vétusté, avec quatre canonniers de bataillon pour les manœuvrer et les servir. L'ennemi s'ébranle et nous aborde avec quelque hésitation. Il est reçu par un feu de deux rangs bien soutenu et bien dirigé, pendant que les canons de la redoute et les miens le prennent de flanc et d'écharpe, de l'un

et de l'autre côté. Il se rompt de toutes parts et fuit dispersé en laissant le champ de bataille couvert de ses morts et de ses blessés.

Ce succès inespéré exalte l'ardeur du soldat : chacun jure de venger ses camarades tombés et ne demande que carnage. Cependant l'ennemi, qui a fui en désordre de tous côtés, finit par se rallier à la voix d'Ali et de son fils : il se remet de son épouvante et les paroles du chef raniment son courage ébranlé. Un cri immense retentit de nouveau sur la colline, et toute la masse entière, infanterie et cavalerie, se rue pêle-mêle, inonde les vallées et se précipite sur notre faible ligne, qui le reçoit avec le même aplomb, la même fermeté. Le sol est jonché de nouveaux cadavres, mais les chefs sont présents, et l'ennemi, contenu longtemps par un feu bien nourri, finit par heurter nos rangs de sa masse puissante. Ils se rompent sur plusieurs points : des combats partiels s'engagent avec une rage furieuse ; les baïonnettes, les sabres et les candgiars distribuent la mort de tous côtés, et cette poignée de braves tombe enfin écrasée sous un nombre supérieur d'ennemis plus de trente fois supérieur à chacun d'eux, mais sur les victimes qu'ils se sont immolées. Une vingtaine d'hommes seulement sont parvenus à gagner la redoute, avec le général La Salcette et le chef de brigade Hotte.

LA CHARGE.

(Page 78.)

A présent, c'est à moi de rendre compte de ma conduite et à me faire absoudre
de n'avoir pas été tué, comme tant de braves gens, sur un monceau de nos ennemis
sacrifiés à notre colère et à notre vengeance. J'ai dit que j'avais été chargé d'occuper sur la droite de la ligne de bataille une position dominante avec deux pièces
d'artillerie. Cette position correspondait à la redoute de gauche et croisait ses feux
avec elle sur le front de la ligne. Je faisais tirer mes pièces l'une après l'autre afin
de ne pas être assailli dans l'intervalle de deux décharges simultanées, et j'usais
de mon fusil avec l'habileté et la précision que m'avait acquises l'exercice passionné
de la chasse. Or, je manque rarement un lièvre à balle : aucun de mes coups ne
devait être perdu. Ma batterie avait sa bonne part du succès obtenu dans le premier
combat ; je n'avais qu'à modérer l'ardeur de mes canonniers pour mieux assurer la
justesse du tir, et je pouvais en apprécier toute l'efficacité par le désordre et les
vides opérés dans les masses et les groupes qui lui avaient servi de but.

L'ennemi fuyait donc en pleine déroute, laissant le sol couvert de ses morts
et de ses blessés. Aucun de nous n'avait été atteint et je m'étonnais qu'il se fût
obstiné à concentrer tous ses efforts contre le front d'une ligne bien appuyée sur
les deux flancs, tandis qu'il aurait pu la déborder de chaque côté et la sabrer avec
sa cavalerie, pendant qu'elle aurait été attaquée directement par son infanterie.
Mais les Turcs, qui ont la bravoure personnelle et qui agissent en masse et sans
ordre, sous l'impression du fanatisme, avec la confiance de leur valeur et de leur
force, vont droit à l'ennemi qu'ils présument devoir être immédiatement écrasé
sous le choc irrésistible d'une première impulsion. Lorsqu'ils rencontrent une résistance vigoureuse et inattendue, ils se débandent et se rallient difficilement. Mais là,
ils n'avaient pas à redouter de notre part un mouvement offensif et une poursuite ;
ils n'avaient affaire qu'à une poignée d'hommes qui ne pouvaient ni fuir, ni résister
longtemps et qui devaient finir par être hachés sur place. Il était donc facile aux
chefs d'arrêter le mouvement désordonné d'une folle terreur, de rendre la confiance
à leurs troupes et de leur communiquer un nouvel élan de bravoure et d'audace
plus redoutable encore que le premier.

Lorsque nous vîmes cette masse, immense comparativement à nous, se précipiter du haut de la colline comme un ouragan furieux, chacun dut éprouver le
pressentiment d'une terrible et dernière lutte. Mais chacun avait d'avance fait le
sacrifice de sa vie et songeait moins à la défendre qu'à la venger. « Tuons !
tuons ! » était le seul mot qui circulât sourdement dans les rangs. Dès que l'ennemi

fut à portée, les deux batteries lui envoyèrent leurs boulets et, quand il fut plus rapproché, elles ne tirèrent plus qu'à mitraille. Je suivis, dans ma batterie, la méthode que j'avais adoptée dans le premier combat et je fis le même usage de mon fusil. Seulement, comme nous étions assez près les uns des autres pour distinguer les hommes, je choisissais de préférence ceux que je jugeais être les chefs, à la magnificence de leurs habits et de leurs équipages ; car nous

n'avions devant nous que de la cavalerie qui tirait sur nous avec ses longs fusils et ses mauvais pistolets, mais qui n'a jamais songé à nous charger franchement, ni essayé de nous tourner, ce qui paraîtra incroyable, mais n'en est pas moins vrai. Ce n'est qu'après que la ligne a été complètement enfoncée que nous avons commencé à recevoir des coups de fusil de côté et par derrière ; ils ont été plus funestes que ceux qui nous avaient été adressés plus honnêtement. Je fus atteint d'une balle à l'épaule, mais elle devait venir de loin, car elle ne pénétra pas et ne fit qu'une forte meurtrissure. La masse que nous avions devant nous avait peu à peu disparu : nous revînmes donc aux boulets que nous adressions aux groupes dispersés, ce qui ne manquait pas de nous valoir quelques vives décharges qui nous ont cruellement traités, car j'ai eu successivement trois de mes quatre hommes tués. Alors j'ai dû enclouer mes deux pièces avec le seul canonnier qui me restait et me résigner à courir toutes les aventures que la fatalité ou la fortune me réservait. J'avais rempli ma giberne et mes poches de cartouches et il m'en restait une quinzaine. C'était assez pour n'être tué qu'en combattant.

Après avoir fait briser les refouloirs et les écouvillons de mes deux canons, je quittai ma batterie sans savoir ce que j'allais devenir, sans avoir aucune idée d'une direction et d'une détermination quelconque, laissant aux événements imprévus à m'inspirer pour le mieux. Je marchais au hasard, en parcourant des yeux le champ de bataille et la campagne : la redoute seule tenait encore et se défendait vigoureusement de son artillerie et de sa fusillade. La campagne était sillonnée par des groupes nombreux et par une multitude de cavaliers et de fantassins isolés. Une forte masse de cavalerie, que je supposai conduite par Ali-Pacha, se portait rapidement sur Prévesa, probablement avec l'intention d'empêcher les deux détachements de s'embarquer sur la frégate *la Brune*, qui nous était revenue. L'espérance du pillage y dirigeait aussi cette foule de soldats isolés. Tout en cheminant ainsi, je vois courir vers moi le chef de bataillon Gabory, le sabre à la main : « Mon ami, me dit-il, nous allons tomber entre les mains de ces brigands. Epargne-moi cette honte, tire-moi un coup de fusil en pleine poitrine.

— Qu'oses-tu me proposer, lui dis-je ; mon arme n'est pas chargée pour toi, nous nous ferons tuer ensemble, mais en combattant. Si nous avions ces cinq ou six soldats que tu vois dispersés et égarés autour de nous, peut-être gagnerions-nous la redoute ! »

Il jette les yeux sur eux et les reconnaît pour appartenir à son bataillon. « Je vais essayer de les rallier, me dit-il, et je te les ramène. » Il me serre la main et part avec le canonnier qui appartenait à son bataillon.

Pauvre et cher Gabory ! Cette poignée de main devait être notre mutuel et dernier adieu !

Je continuai de marcher lentement, mon fusil armé et l'œil au guet. A peine cinq minutes s'étaient écoulées, que je me vois chargé par deux cavaliers. Je me raffermis et me campe pour les recevoir. Je les laisse arriver à vingt pas et, d'un coup d'œil assuré, j'abats le premier. Le second me croit désarmé et fonce sur moi, mais la vue de ma baïonnette lui fait faire un mouvement de côté dont je profite brusquement pour la lui enfoncer à travers le corps : il tombe comme son camarade. Je recharge promptement mon arme et je me hâte de quitter le lieu du délit, en laissant les chevaux courir la campagne.

J'étais en vue de la redoute et je cherchais à me rapprocher d'elle avec précaution et bonne garde : il ne me fut pas donné de l'atteindre et j'en remercie le Ciel. Dans ce trajet difficile, je fus chargé quatre fois par quatre cavaliers isolés : jamais ils ne m'ont effrayé; je les ai tranquillement attendus et, à quinze ou vingt pas, je les ai tous abattus avec certitude. Ma position allait devenir plus critique; mes combats isolés n'avaient pas échappé à tous les yeux : un gros de cavalerie m'avait

observé, et je le vois se diriger vers moi. J'étais tout près de l'aqueduc antique, j'allai m'adosser à une de ses piles et je choisis celle dont la base me parut encombrée des plus gros et des plus nombreux débris de la vieille maçonnerie, comme étant la moins accessible aux chevaux. Là j'attendis l'ennemi. Ce devait être mon dernier combat, ma dernière lutte. Le souvenir de ma famille se présenta vivement à ma pensée; je la vis éperdue devant moi et mon cœur saigna, mais, par un prompt retour d'énergique résolution, je fermai les yeux et je repoussai cette chère image en fronçant les sourcils et en grinçant des dents. Je n'ai plus permis à cette impression de se reproduire.

Je ne tardai pas à me voir seul, sans secours possible, en présence de vingt à vingt-cinq cavaliers, bien montés et bien armés : les uns déchargeant sur moi, comme sur la poupée d'un tir, leurs pistolets et leurs carabines; les autres bran-

DERNIER COMBAT.

[Page 82.]

dissant leurs cimeterres recourbés, mais se défiant tous de mon œil ardent et
de mon arme rapide à chaque mouvement d'agression. Je me gardai bien d'en
faire usage autrement que pour menacer. Cependant les coups se rapprochaient
du but : j'avais été touché de deux balles, l'une au-dessus de la hanche, l'autre
vers le haut de la cuisse ; elles n'avaient fait que m'avertir par une trace su-
perficielle mais sanglante; une troisième m'avait déchiré l'oreille gauche en
m'enlevant un bout du cartilage. En revanche mon habit et mon chapeau en
étaient criblés.

Il était temps d'en finir, mais je voulais choisir ma victime. Je remarquai un
brillant cavalier, couvert d'habits éclatants et enrichis d'or, ayant à son côté un
jeune homme de haute taille, maniant de belles armes et sous le simple costume
albanais. Ce fut au brillant cavalier que j'adressai ma balle en plein corps et je le
vis tomber ; son voisin me parut avoir été touché.

Aussitôt mon arme déchargée, tous se précipitent sur moi, mais je les contins
avec ma baïonnette, et pas un ne put m'approcher assez pour me donner un coup
de sabre. J'étais dans un état d'inspiration, ou plutôt d'illumination, qui avait développé dans tout mon être, au physique comme au moral, une telle exaltation de
toutes mes facultés que je me sentais supérieur en force, en courage, en intelligence; j'en avais la conscience, je m'en rendais compte et je m'étonnais, au dedans
de moi, de cette lucidité d'esprit et de perception dans une circonstance qui aurait
dû me troubler et m'éblouir. J'aurais, dans cet état, distingué et reconnu la plus
fine aiguille au milieu de ces ruines bouleversées. Je ne me vante point ici : je ne
tire aucun orgueil de cette disposition exceptionnelle de mon esprit et de mes
sens : je la raconte et la livre à l'analyse de la philosophie et de la médecine. Ce
que j'affirme, c'est qu'elle est réelle, sans m'inquiéter qu'elle soit admise ou rejetée.
J'ai assez de mes actes pour me recommander à l'estime de mes amis et de ma
famille.

Ne pouvant plus recharger mon arme, je ne voulus pas attendre passivement la
balle dernière que j'avais appelée de tous mes vœux et à laquelle j'avais si souvent
présenté ma poitrine découverte. Un cavalier plus audacieux que les autres les
devançait en agitant son candgiar ; tout à coup, et d'un bond, je m'élance sur lui.
Surpris par cette attaque subite, il veut ou détourner ou reculer son cheval, mais
l'animal, au lieu d'obéir à sa main, se cabre et ma baïonnette, au lieu d'atteindre
l'homme, s'enfonce tout entière dans la tête du cheval; elle y tint si fortement que,

dans l'effort que je fis pour la retirer, elle se détacha de mon fusil et resta fixée jusqu'à la douille dans la ganache de l'animal.

Me voilà désarmé : tous se ruent sur moi et je reçois à la fois un coup de pistolet à bout portant et deux coups de sabre qui m'étendent par terre. Les sauvages trempaient leurs mains dans mon sang et s'en frottaient leurs bras nus. Ils allaient me couper la tête, lorsqu'un simple cavalier Albanais, jeune, d'une taille souple et élevée, n'ayant d'éclatant qu'un coursier superbe et de magnifiques armes, se porte rapidement en avant et prononce, en maître, quelques mots que je n'ai pas compris, mais dont sa figure bienveillante m'a promptement donné la traduction. Je me tenais coi et résigné, sans implorer la pitié par un regard suppliant; mais rien n'échappait à mon attention, car, malgré mes trois nouvelles blessures, j'avais le sentiment intérieur que je ne devais pas mourir. A la seule parole de mon Albanais, mes bourreaux avaient lâché prise et attendaient respectueusement ses ordres. Il me fait relever et il appelle deux cavaliers auxquels il me fait remettre, en leur donnant la mission de me conduire au camp : ils me placent entre leurs deux chevaux et nous partons.

Nous parcourons le champ de bataille, en nous dirigeant vers le point de la colline qui était le rendez-vous assigné; je le retrouve encore couvert de cadavres, mais tous ceux des Français avaient été décapités. Autour de chacun de leurs troncs déshonorés, gisaient dans des mares de sang les nombreux ennemis qu'ils avaient abattus, presque tous frappés de la baïonnette. Il nous fallut traverser la portion du terrain et de la vallée soumise au feu de la redoute. Dès que nous en fûmes aperçus, elle nous envoya sa volée, qu'elle nous renouvela jusqu'au moment de notre disparition; et chaque fois qu'un boulet ronflait au-dessus de nos têtes ou labourait la terre à nos pieds, mes deux gardiens s'aplatissaient sur leurs selles, ou se couchaient le long de leurs chevaux, du côté opposé à la direction du tir en criant : Allah! Allah! et puis, en se relevant, ils me frappaient indignement du pommeau de leurs sabres. A peu de distance du camp, je reconnais, sans être étonné, un énorme tas de ces têtes détachées des troncs informes que nous avions rencontrés : une d'elles, plus écartée que les autres du monceau commun, se trouve sur notre passage et mes deux Arnautes veulent me forcer de la prendre et de la porter; je m'y refuse avec fermeté, et je suis de nouveau abîmé à coups de pommeaux de sabre. L'un d'eux saisit alors cette tête sanglante et m'assomme avec elle. La mienne était dure : elle résista à la tête coupée et aux deux têtes vivantes. Chose étrange !

je reconnus cette tête aux poils et à la barbe rouges : c'était celle d'un caporal fourrier attaché au chef de brigade Hotte.

Enfin nous arrivons. Je me croyais sauvé, au moins quant à présent; car, dans

ma pensée, j'admettais comme possible que j'eusse été réservé pour un supplice plus éclatant pour la plus grande satisfaction d'une populace vile et barbare. Mais ce fut réellement le lieu où ma pauvre vie si longtemps disputée a couru le plus extrême

danger. Ce n'est pas le soldat qui se bat et qui court bravement les chances péril-
leuses du combat qui se montre sans générosité envers l'ennemi : c'est le plus
ordinairement le lâche qui se cache et qui croit faire acte de courage en assassinant
de sang-froid celui qu'il n'aurait pas osé aborder sous les armes.

A peine suis-je en présence d'une bande de ces gens préposés à la garde des
bagages qu'ils m'insultent et m'outragent avec d'autant plus de fureur qu'ils me
voient couvert de sang et qu'ils jugent que je suis de ceux qui ont vigoureusement
défendu leur vie. Ils me saisissent, me traînent sur un point plus élevé et me font
signe que ma tête va tomber. Je les apaise de la main, et pour leur prouver que la
mort ne m'épouvante pas, j'arrache brusquement ma cravate que je leur jette à la
face; je retourne le collet de mon habit et de ma chemise et je leur livre mon cou.
Déjà j'étais empoigné par les cheveux et le candgiar tiré du fourreau brillait dans
la main du bourreau lorsque le cri de « Pacha!... Pacha!... » retentit de toutes
parts. L'arme reste suspendue sur ma tête et je vois paraître devant moi ce jeune
albanais qui m'avait déjà sauvé la vie sur le champ de bataille et qui arrive si bien
à point pour me la sauver une seconde et dernière fois. Ce généreux albanais était
Mouktar-Pacha, le fils du vieux loup, le fils d'Ali-Pacha. Il avait été, à mon insu, le
témoin de mes divers combats et il avait conçu pour son ennemi de l'estime et de
l'amitié. C'est lui qui avait réuni ce gros de cavalerie qu'il avait dirigé contre moi
dans l'intention de me faire prisonnier et de me sauver ainsi d'une mort certaine.
— Ce prince était jeune. Il avait les vertus de son âge : la bravoure et la générosité.

Il donna ordre de me conduire au fort de Loroux et il se hâta de rejoindre sa
troupe devant la redoute qui continuait à se défendre avec intrépidité. Le général
La Salcette et le chef de brigade Hotte n'avaient plus autour d'eux que vingt-cinq
hommes. Le général avait envoyé Bouchard, fusilier à la 79ᵉ demi-brigade et Givaque,
tambour au même corps, pour faire avancer la bombarde *la Frimaire* qui devait être
mouillée devant Prévesa. Ces deux soldats se mirent à la nage. Givaque se noya de
fatigue. Bouchard, qui avait fait son possible pour sauver son compagnon, n'ayant
point trouvé la bombarde et sachant que tout était désespéré à Nicopolis, poussa en
nageant jusqu'à la forteresse de Sainte-Maure et fit de cette manière plus d'un
myriamètre, à l'aide de quelques récifs sur lesquels il se reposait de temps en
temps.

La bombarde ne paraissait pas, les défenseurs de la redoute qui, la plupart

LES RENFORTS.

[Page 86.]

étaient blessés, avaient consommé toutes leurs munitions : Les Albanais étaient déjà parvenus à la gorge qu'ils allaient forcer. Le général prit le parti de se rendre pour sauver la vie de ses compagnons. Il arbora un mouchoir blanc au bout de son sabre, reçut les Turcs à l'entrée de la redoute et leur remit ses armes. Le chef de brigade Hotte et la plupart des hommes l'imitèrent, mais Giroux, sous-lieutenant à la 79°, et deux grenadiers de la 6° que les Albanais avaient insultés se firent tuer les armes à la main, ainsi que deux canonniers de la 7° compagnie sédentaire qui furent massacrés plutôt que de rendre leurs pièces.

Cependant, le capitaine Tissot, adjudant-major à la 6°, auquel le général avait confié la garde de Prévesa, n'était pas resté tranquille spectateur du combat. Après avoir posté sa petite garnison de la manière la plus favorable, il était accouru au camp et avait rallié en combattant environ quatre-vingts grenadiers et sapeurs et deux officiers : Beltrand, lieutenant au 2° bataillon de sapeurs, et Chéron, sous-lieutenant de grenadiers à la 6° demi-brigade. A peine avait-il formé ses hommes en bataille qu'il fut chargé par une masse de cavaliers; il la culbuta et en tua le chef de sa propre main, mais Beltrand, entouré par plusieurs Albanais, fut massacré et, on peut le dire, coupé en morceaux. A ce moment précis, où Tissot repoussait cette charge, la redoute cessait son feu : le général La Salcette venait de se rendre. Tissot forme le projet de le délivrer et fait partager à sa petite troupe son enthousiasme. Ils marchent donc d'un pas rapide, traversent les ruines de la cité d'Auguste et se disposent à franchir le vallon qui les sépare de la colline où se trouvent les prisonniers. Mais une embuscade d'infanterie les arrête et malgré leurs élans répétés, devant la foule grossissante des Albanais accourant de tous les points du champ de bataille, il faut renoncer et battre en retraite sur Prévesa.

Tissot se retire lentement et en bon ordre, soutenant avec une fermeté iné-branlable les chocs de plusieurs gros partis de cavalerie, mais, durant qu'il arrête quelques Albanais, la plupart se portent sur Prévesa par un autre côté. Tissot précipite sa marche pour secourir sa garnison; mais lorsqu'il arrive, elle est déjà forcée. Il attaque alors l'ennemi déjà posté dans le bourg et parvient en combattant jusqu'à l'endroit du port où il avait placé ses barques. Elles ont disparu.

Un dernier espoir reste pourtant : la bombarde *la Frimaire* se trouve à l'entrée du canal de Prévesa avec plusieurs barques chargées de troupes que le commandant de Sainte-Maure envoie à notre secours. Tissot établit ses hommes le dos au golfe et couvre ses flancs par des maisons pour étendre sa ligne proportionnellement au nombre de soldats qu'il a et pour arrêter les Albanais jusqu'à l'arrivée de la bombarde dont il s'efforce d'attirer l'attention par des signaux réitérés.

Mais un de ses soldats qu'il envoie à la bombarde dans une barquette qu'un Prévésien qui lui est dévoué a amenée pour le sauver, trahit sa confiance : il affirme au capitaine qu'il a vu massacrer jusqu'au dernier des Français, que lui-même n'a pu s'échapper que par un miracle. On le croit. Et le Prévésien qui ne parle ni le français, ni l'italien, ne peut le contredire. *La Frimaire* et les barques s'éloignent vers Sainte-Maure.

Tissot et ses compagnons comprennent qu'ils sont perdus : mais leur âme n'en est pas abattue et ils renouvellent le serment de mourir en Républicains français. Ils se précipitent dans les rues de Prévesa et fondent sur les Turcs. Leurs munitions sont épuisées et ils ne combattent plus qu'à l'arme blanche. C'est un massacre qu'ils font tant que leurs bras peuvent porter leurs fusils. Mais leur nombre diminue à chaque instant. Ils n'ont rien mangé de tout le jour et la faim tord leurs entrailles ; ils sont exténués de la fatigue de ce combat continuel, et leurs ennemis se renouvellent sans cesse. Enfin, à quatre heures de l'après-midi, les seuls Français qui résistent encore sont assaillis de toutes parts et désarmés : ils sont neuf, dont trois sont grièvement blessés. Tissot et Chéron n'ont pas été touchés.

A la fin de la journée du lendemain, je me trouvai réuni au fort de Loroux avec le général La Salcette, le chef de brigade Hotte, le capitaine Tissot et une vingtaine de soldats, tout ce qui restait des quatre cents français qui combattaient à Nicopolis et à Prévesa. Ils me racontèrent leurs aventures, mais les miennes restaient encore plus surprenantes.

Je ne crois pas, en effet, que pendant la guerre de vingt-deux ans que la France a soutenue contre l'Europe depuis 1792 jusqu'en 1814, aucun officier ou soldat de l'armée ait triomphé de périls plus grands, plus multipliés et plus variés, et qu'il ait eu, comme moi, le bonheur de les rappeler à sa famille et à ses amis à l'âge de quatre-vingt-deux ans.

MARENGO

(1800)

D'APRÈS LES MÉMOIRES DE JOSEPH PETIT

GRENADIER A CHEVAL DE LA GARDE DES CONSULS

Dès le matin du 24 prairial, l'armée quitta sa position du camp de Tortone pour marcher vers Alexandrie. L'avant-garde fit halte à San Juliano en attendant l'armée. C'était un hameau de trois fermes à une lieue de Tortone et à l'entrée de la plaine de Marengo. Le Consul et les mille hommes de sa garde, le quartier général de l'armée et son énorme suite s'entassèrent dans cet endroit qui servit le lendemain à placer l'ambulance.

Aussitôt que l'armée fut arrivée, on s'avança dans la plaine en ordre de bataille. On trouva l'ennemi au pont de la Bormida d'où l'on essaya faiblement de le déloger. Nos dispositions annonçaient assez que nous offrions la bataille, mais, soit que Mélas attendît encore des troupes de Gênes, soit qu'il ne fût pas assez instruit de nos forces et de nos moyens, il la refusa.

Le Consul, avec sa garde à cheval et une pièce d'artillerie légère, côtoya Marengo. Nous le vîmes, à quarante pas de nous, traverser la plaine, examiner attentivement le terrain, méditer profondément et donner fréquemment des ordres.

Le jour commençait à disparaître et nous étions à cheval depuis qu'il avait commencé à poindre. En outre, nous avions été mouillés jusqu'aux os, car aucun de nous, pas même le Consul, n'avait mis son manteau. Nous fûmes obligés de mettre pied à terre pour ranimer nos membres engourdis par le froid et l'humidité. Quelques chasseurs apportèrent trois ou quatre fagots pour sécher le Consul et nos augustes chefs. Quelle singularité piquante de voir se serrer autour d'un misérable feu, au milieu d'une plaine et dans la boue jusqu'à la cheville, le premier magistrat des Français, entouré de l'élite des généraux qui, un mois auparavant, se promenait au milieu du palais national des Tuileries !

On amena plusieurs déserteurs, des prisonniers et entre autres un officier de la légion de Bussy portant la croix de saint Louis. Bonaparte les questionna tous avec beaucoup d'intérêt. Rien ne peut dépeindre leur surprise lorsqu'on leur disait : Celui à qui vous venez de parler, qui a cette redingote, c'est Bonaparte.

Nous vînmes coucher à San Juliano. Il était onze heures du soir. On s'endormit profondément, sans s'inquiéter du lendemain.

Le jour du 25 prairial commençait à peine à paraître, lorsque quelques coups de canon tirés à l'avant-garde nous arrachèrent des bras du sommeil. On fut prêt en un clin d'œil, et notre déjeuner fut aussi prompt que le souper de la veille. Mon poste était auprès du Consul, et j'avais la passion d'apprendre et de voir. Aussi puis-je assurer que j'ai fidèlement retenu ce que j'ai vu.

A huit heures, l'ennemi n'avait point encore développé beaucoup de vigueur. Il tâtonnait les endroits faibles et faisait ses dispositions en conséquence. L'on ne fut véritablement instruit au quartier général de ses intentions que sur la fin de la matinée. Berthier s'était transporté sur le champ de bataille. Dès le matin, les aides de camp, se succédant les uns aux autres, avertissaient le Consul des progrès de l'ennemi. Les blessés commençaient à arriver disant que l'Autrichien était en force. Les militaires qui ont fait quelques campagnes savent que les Autrichiens, s'ils n'ont pas la fougue française, conservent du moins beaucoup de persévérance.

D'après ces renseignements, le Consul monta à cheval à onze heures et se porta rapidement sur le champ de bataille. Le canon et la mousqueterie s'animant de plus en plus, se rapprochaient de nous. Un très grand nombre de blessés, tant de la cavalerie que de l'infanterie, conduits et portés par leurs camarades, rétrogradaient d'une manière effrayante. La ligne des ennemis prenait une si grande étendue qu'elle

LE FEU DE BIVOUAC DU CONSUL.

[Page 92.]

tenait plus de deux lieues. La Bormida, en effet, quoique rapide et profonde, est néanmoins guéable en plusieurs endroits. Les ennemis marquaient vers le pont un acharnement incroyable, mais le point principal de l'action était sur San Stefano. De cet endroit ils pouvaient gagner Voghera avant nous et nous couper toute retraite. Aussi tous leurs efforts se dirigèrent-ils sur cette partie la plus faible. A midi, il n'y eut plus de doute que nous n'eussions affaire à toutes les forces des Autrichiens et qu'ils n'acceptassent à cette heure le combat refusé la veille.

Des ordres furent donnés aux troupes disponibles qui étaient sur les derrières d'arriver promptement; mais le corps que commandait Desaix était encore fort loin; l'aile gauche, sous les ordres de Victor, commençait à plier : j'apercevais beaucoup d'infanterie se retirant en désordre et notre cavalerie vivement repoussée. Le feu se rapprochait; au centre un roulement épouvantable se fit entendre et cessa tout à coup sur la Bormida. J'étais dans une anxiété inexprimable, et néanmoins j'osais me flatter que nos troupes avançaient; mais, au contraire, je vis à l'instant des soldats revenir en toute hâte, rapportant les blessés sur leurs épaules. A l'aile droite, je vois l'ennemi qui gagnait insensiblement sur nous.

Bonaparte se porte en avant, exhorte à la fermeté, au courage, les corps et les soldats qu'il rencontre; sa présence ranime la confiance. Plus d'un soldat préfère mourir en soutenant la retraite, à le rendre témoin de sa fuite. Dès ce moment, sa garde à cheval ne reste plus, comme auparavant, auprès de sa personne, mais sans être beaucoup éloignée de lui, elle prend une part active au combat.

Une nuée de cavalerie ennemie débouche rapidement dans la plaine et se forme en bataille devant nous, masquant plusieurs pièces d'artillerie légère qui ne tardent pas à gronder sur nos rangs. Le général Berthier, qui examinait de près les mouvements de cette colonne, fut chargé vivement par plusieurs cavaliers. Murat, à la tête des dragons, les prit en flanc, protégea la retraite de notre infanterie et empêcha que la droite de Victor ne fût compromise.

Pendant que nous étions ainsi sous le feu des canons autrichiens, je vis un trait dont tout homme sensible eût été ému. Un brigadier des grenadiers à cheval avait un petit chien qui, depuis Paris, s'était obstinément attaché à sa fortune. Ce petit chien suivait pas à pas son maître qui, de son côté, le regardait souvent pour lui sourire. Un boulet, rasant la terre, passe dans l'escadron, n'attrape personne, mais coupe deux pattes au pauvre petit chien qui expire en fixant son maître. Celui-ci déplore sa perte et se prépare à la venger, lorsqu'un second boulet l'atteint lui-même et le renverse à côté de son fidèle compagnon.

Au moment où Murat rentre de sa charge, les Grenadiers à pied de la Garde consulaire arrivent, tels qu'à la parade. Ils défilent avec ordre et marchent d'un

pas rapide à l'ennemi qu'ils rencontrent à cent pas de notre front. Sans artillerie, sans cavalerie, au nombre de cinq cents seulement, ils ont à soutenir le choc impétueux et terrible d'une armée victorieuse. Mais sans faire attention à leur petit nombre, ils avancent encore ! Tout cède sur leur passage. Le premier boulet qu'ils reçoivent

emporte trois grenadiers et un fourrier en serre-file. Chargés trois fois par la cavalerie, fusillés par l'infanterie à cinquante pas, ils entourent leurs drapeaux et leurs
blessés en bataillon carré, épuisent leurs cartouches, se hâtent lentement et avec
ordre, et rejoignent notre arrière-garde étonnée.

Brabant, grenadier à pied, homme d'un courage et d'une orce peu ordinaires,
qui avait servi précédemment dans l'artillerie, trouve une pièce de quatre abandonnée ; il la relève seul, la charge et la tire pendant près d'une heure. Le citoyen
Léon Aune, l'ancien sergent des grenadiers dans la fameuse 32ᵉ demi-brigade, celui
auquel le Premier Consul avait écrit, lors de son avènement au Consulat, une lettre
si célèbre, était — comme il l'est encore — porte-drapeau du bataillon des Grenadiers. Il a les basques de son habit coupées par un boulet, ses vêtements et son
drapeau percés de plusieurs balles, sans qu'il reçoive lui-même la plus légère égra-
tignure. Toujours devant le front de son bataillon, il se précipite sur l'ennemi, sa
lance en avant, et donne ainsi l'impulsion généreuse à ses camarades empressés de
suivre ses pas.

Malgré tant d'efforts, on battait en retraite de toutes parts, le centre fléchissait,
l'ennemi dépassait et tournait nos ailes. A l'aile droite surtout, il paraissait avoir un
succès marqué. Vers l'aile gauche, il pouvait nous prévenir au quartier général. La
garnison de Tortone découvrant notre déroute, venait de faire une sortie. De tous
côtés nous étions enfoncés.

Le Consul, toujours au centre, encourageait le reste des braves qui défendaient
la route et le défilé qu'elle traversait, fermé d'un côté par un bois, et de l'autre par
des vignes très élevées et touffues. Le village de Marengo flanquait à gauche cet
endroit si cruellement mémorable.

Que de sang fut versé en ce lieu ! que de braves gens y périrent ! Le courage
indomptable avait sans cesse à lutter contre le nombre toujours croissant d'ennemis
acharnés. Notre artillerie, en partie démontée ou prise, avait peu de munitions.
Trente pièces de canon, activement servies, foudroyaient, coupaient en deux les
hommes et les arbres dont les branches, dans leur chute, écrasaient encore les
malheureux qui n'étaient que blessés.

Enfin, à quatre heures après midi, je ne crains pas d'assurer que dans un rayon
de deux lieues au plus, il ne restait pas six mille hommes d'infanterie présents à
leurs drapeaux, mille chevaux et six pièces de canon en état de faire feu. Que l'on
ne m'accuse pas d'exagérer en présentant une si prodigieuse défection dont les

causes sont bien faciles à connaître. Un tiers de l'armée était hors de combat. Le
défaut de voitures pour le transport des blessés avait fait que plus d'un autre tiers de
l'armée était employé à ce pénible service, qui pouvait même servir de prétexte
plausible à plusieurs pour s'éloigner à contre-temps de leurs corps respectifs. La

faim, la soif, la fatigue avaient forcé un grand nombre d'officiers de s'absenter, et l'on sait ce que produit l'absence des chefs. Les tirailleurs, pour la plupart, avaient perdu la direction de leurs corps; enfin, ce qui restait de l'armée, occupé à défendre vigoureusement le défilé dont j'ai déjà parlé, ne songeait nullement à ce qui se passait derrière.

Dans ce moment affreux où les morts et les mourants couvraient le sol, le Consul bravait la mort,
au milieu des boulets qui enlevaient la terre dans les jambes de son cheval,
au milieu de tous les combattants qui tombaient autour de lui à chaque instant. Il
donnait des ordres avec son sang-froid ordinaire et voyait approcher l'orage sans
paraître le craindre.

Tous ceux qui l'apercevaient, oubliant le danger qui les menaçait eux-mêmes,
disaient : « S'il allait être tué ! Pourquoi ne se retire-t-il pas ? » On dit même que le
général Berthier *l'en pria*. J'eus la curiosité d'écouter attentivement sa voix, d'examiner les traits de son visage. L'homme le plus courageux, l'homme aussi amant

que lui de la gloire pouvait bien être ému sans qu'on pût lui en faire un crime. Mais non ! le Bonaparte d'Arcole et d'Aboukir n'avait pas changé, dans ce moment de fortune incertaine.

Celui qui, dans ces circonstances terribles pour l'armée française, aurait dit :
« Dans deux heures, nous gagnerons la bataille ; nous prendrons dix mille prisonniers, des généraux, quinze drapeaux, quarante bouches à feu ; notre ennemi nous livrera onze places fortes, enfin tout le territoire de la belle Italie ; dans deux heures il défilera honteusement dans nos rangs ; un armistice suspendra le fléau de la guerre et amè-

nera peut-être la paix dans notre patrie, » celui-là aurait paru vouloir, par ses folles espérances, insulter à notre situation désespérée. Pourtant tant de prodiges n'ont pas demandé, pour s'accomplir, plus de deux heures.

L'ennemi, ne pouvant forcer le défilé sur lequel s'était reployée la plus grande partie de nos troupes combattantes, avait établi une ligne formidable d'artillerie, sous la protection de laquelle il jetait son infanterie dans les vignes et dans le bois. Sa cavalerie, rangée en bataille, n'attendait que le moment de nous en voir chassés pour se précipiter sur nos rangs épars. Si ce dernier malheur nous était arrivé, tout était perdu sans ressources, le Consul aurait été pris ou tué, nous nous serions plutôt fait hacher que de lui survivre.

Mais l'heure de la victoire avait sonné. Fidèle à Bonaparte, elle vient enfin planer sur nos têtes et nous servir de guides. Déjà les divisions de Monnier et de Desaix commencent à paraître. Malgré dix lieues d'une marche forcée, elles arrivent au pas de course; elles oublient leurs besoins et ne sont pressées que de la soif de nous venger. L'affluence des fuyards et des blessés qu'ils rencontrent aurait pu attiédir leur courage, mais les yeux fixés sur Desaix, ils ne savent avec lui que braver les dangers et voler à la gloire. Avec eux, les Grenadiers à pied revenaient couverts de gloire et menaçant de leurs terribles baïonnettes ceux qui naguère les bravaient, comme les soldats de la légion de Bussy qui, ayant ramassé les bonnets des Grenadiers morts ou blessés nous les montraient en les faisant tourner sur leurs sabres. Du plus loin que nous apercevons ces renforts, l'espérance et la joie rentrent dans nos cœurs.

L'ennemi, harassé, fatigué de ses propres succès, qui lui coûtaient cher, était toujours arrêté par nos braves qui, sans connaître encore le secours qui nous arrivait, étaient résolus de périr dans ces nouvelles Thermopyles plutôt que de rétrograder.

Le général Mélas, trouvant donc trop d'obstacles au centre, crut en étendant ses ailes nous cerner et nous couper entièrement. Il y porta ses forces, s'imaginant avoir assez masqué son mouvement et pouvoir nous contenir par son artillerie seule.

C'est ainsi que, ne pouvant découvrir ce qui se passait de notre côté et ignorant les renforts qui venaient de nous arriver, il se préparait un revers inévitable.

En effet, Bonaparte, toujours placé au poste de l'honneur et à qui rien n'échappait, saisit l'occasion; ses ordres volent de toutes parts. Aussitôt que le premier bataillon de la division du général Desaix eut atteint la hauteur, il se forma en colonne serrée. Chacun garda sa distance, chacun reçut ses instructions. Le Consul, le général en chef, les généraux, les officiers de l'état-major parcoururent les rangs et partout inspirèrent la confiance qui précède et enfante les grands succès. Cette opération dura une heure qui fut terrible à passer, car l'artillerie autrichienne nous foudroyait; chaque volée emportait des rangs entiers. Les boulets, les obus ricochaient sur nous, emportant avec eux hommes et chevaux. On recevait la mort sans bouger et l'on serrait le rang sur les cadavres de ses camarades. Cette artillerie foudroyante atteignait même la cavalerie qui se ralliait derrière nous, ainsi qu'une grande quantité de fantassins des différents corps qui, encouragés par la division Desaix qu'ils avaient vu passer, accouraient de nouveau sur le champ d'honneur.

Tout est prévu, tout est calculé; les bataillons bouillonnent d'impatience; le tambour, l'œil fixé sur la canne de son major, attend le signal; le trompette, le bras levé, prépare son haleine; le signal est donné, le terrible pas de charge se fait entendre, tous les corps s'ébranlent à la fois, la fougue française, telle qu'un torrent, entraine tout ce qui s'oppose à son passage : en un clin d'œil le défilé est franchi, partout l'ennemi est culbuté; mourants, blessés, morts sont foulés aux pieds.

Chaque chef, parvenu sur le revers du défilé et prêt à entrer dans la plaine, fait ranger sa division en bataille. Alors notre ligne présente un front formidable. A mesure que les pièces d'artillerie arrivent, elles sont mises en batterie et vomissent la mort à bout portant sur les ennemis épouvantés. Ils reculent : leur immense cavalerie charge en masse avec furie, mais la mousqueterie, la mitraille, la baïonnette l'arrêtent court; un de leurs caissons saute en l'air; l'effroi redouble. Le désordre naissant se cache dans la fumée; nos cris de victoire augmentent leur terreur; enfin tout s'ébranle, tout ploie, tout fuit.

Alors, la cavalerie française se précipite dans la plaine, et par son audace supplée à son petit nombre. Elle marche à l'ennemi sans crainte d'être entamée. A droite, Desaix saute les fossés, franchit les haies, culbute, foule, écrase tout ce qui se trouve à son passage. A gauche, Victor rivalise en vitesse, emporte Marengo et vole vers la Bormida.

Le centre, avec moins de force, et la cavalerie, sous les ordres de Murat, s'avancent majestueusement dans la plaine, toujours à demi-portée de canon. Murat inquiète le centre de l'ennemi, précipite et suit son mouvement, tient en échec un corps énorme de cavalerie qui ne peut manœuvrer que sous le feu de trois pièces de huit et d'un obusier. Cette cavalerie, notre infanterie est prête à la tourner, ayant moins de distance à parcourir pour arriver au pont et lui couper à son tour ce point principal de sa retraite. L'intrépide Desaix ayant obliqué vivement à droite sur San Stefano, coupe entièrement l'aile gauche autrichienne, et dans le même moment, Kellermann fils, avec huit cents chevaux réunis de plusieurs régiments, fait mettre bas les armes à six mille grenadiers hongrois ; le général Zach, chef de l'état-major, est pris par un cavalier du 2ᵉ régiment.

C'est alors, c'est dans le moment de son triomphe, c'est après avoir sauvé

l'armée et peut-être sa patrie, que l'ami et le modèle des braves, que Desaix est atteint du coup mortel. Le moment où je le vis passer devant le Premier Consul à la tête de sa phalange, sera toujours gravé dans ma mémoire. Comme son extérieur simple était majestueux dans cette circonstance ! Comme ses soldats étaient encouragés, enchantés de se voir commandés par lui. Il était monté sur un cheval que lui avait prêté le chef de brigade Bessières. Il était vêtu tout en bleu, sans aucune broderie, il portait son chapeau sans plumes, sans galon, et des bottes à l'écuyère. Je me rappellerai toute ma vie les impressions pénibles que je ressentis lorsque je

m'en allai le lendemain de la bataille au quartier général et que je vis la voiture où était déposé son corps enveloppé d'un drap et couvert de son manteau. On le conduisait à Milan. J'avais beau me le figurer comme quelques heures auparavant, commandant l'incomparable 9ᵉ demi-brigade qui fit de si belles manœuvres sous le feu le plus terrible, mes yeux mouillés de larmes étaient toujours ramenés sur son corps sanglant et inanimé.

La nuit approchait; les troupes de l'ennemi en désordre s'amoncelaient les unes sur les autres vers le centre, ils se culbutaient sur le pont dans la rivière; l'artillerie, qu'ils avaient retirée dès le commencement de notre avantage, de peur que, étant prise, elle ne fût dirigée contre eux, leur était, dans la circonstance, plus nuisible qu'utile, car elle interceptait le passage. Murat, sentant l'importance de précipiter leur retraite et d'augmenter leur confusion, nous fit avancer au grand trot, et déjà nous dépassions une partie de leur infanterie qui, n'ayant pas d'aussi bonnes jambes que nos chevaux, ne pouvait manquer d'être taillée en pièces ou faite prisonnière. Notre proximité, à si peu de distance, augmenta beaucoup le désordre de l'ennemi. Les Grenadiers à cheval et les Chasseurs de la garde tenaient la droite de la route au nombre de deux cents; quatre à cinq cents hommes des 1ᵉʳ, 6ᵉ, 8ᵉ dragons et 20ᵉ de cavalerie occupaient la gauche; Murat voltigeait de l'un à l'autre côté. Le moment décisif arrivait. Le chef de brigade Bessières, plein de l'ardeur qui nous animait tous, nous parle en militaire qui sait comme on conduit le soldat à la gloire. Nous mettons sabre en main, nos manteaux sont croisés sur la poitrine; nous ajustons nos rênes, nous disposons nos chevaux, malheureusement trop fatigués; le désir de faire un nom à son corps enflamme le plus indifférent. Les trompettes sonnent la charge, on s'ébranle au petit galop, la terre tremble; par un *à droite,* nous sommes prêts à fondre sur l'infanterie haletante.

La cavalerie autrichienne, se décidant à sauver l'infanterie, se porte sur nous en colonne; sa rapidité nous oblige à lâcher prise; nous tournons à gauche en obliquant sur eux. Trente pas et un fossé large de deux mètres nous séparent d'eux encore. Sauter le fossé, nous aligner, sabrer, envelopper les deux premiers pelotons, tout cela ne dura pas cinq minutes. Et pourtant, au moment où nos fers allaient se croiser avec les leurs, un cavalier autrichien, renversé, se trouve sur notre route : il étend ses mains vers nous en nous priant de ne point le fouler sous les pieds de nos chevaux. Bessières, notre chef de brigade, l'a aperçu : « Mes amis, nous crie-t-il, ouvrez vos rangs, épargnons ce malheureux. » Que de traits semblables et familiers aux Français seront oubliés!

CHARGE DES GRENADIERS DE LA GARDE.

[Page 102.]

Etourdis par ce choc épouvantable, effrayés peut-être de la grandeur des hommes dont les bonnets à poil relevaient la stature, les cavaliers autrichiens se défendirent mal et furent taillés en pièces. Nous ne fîmes point de prisonniers et ne prîmes point de chevaux. Sur ces entrefaites les dragons prirent cette colonne en flanc et en firent un carnage épouvantable. Ils poursuivirent les fuyards jusqu'à un ravin où ils firent plusieurs prisonniers.

Je ne puis résister à citer un trait dont tout le corps fut témoin. Schmitt, trompette des grenadiers, emporté par son courage dans la première charge, se trouve entouré de plusieurs Autrichiens. Sommé de se rendre, il répond en tuant son adversaire le plus acharné ; les autres lui portent plusieurs coups de sabre, un entre autres qui lui coupe sa trompette sur la cuisse. Un volontaire tire pour le dégager et l'atteint au bras. La douleur lui fait lâcher ses rênes, un Autrichien s'en saisit et l'emmène au galop. Schmitt ne perd point sa présence d'esprit : se confiant à la vigueur de son cheval, il lui met les éperons dans le ventre et est emporté d'un tel vol que l'Autrichien l'abandonne. Schmitt arrive dans nos rangs. Sa bravoure a été récompensée par le don d'une trompette d'honneur que le Premier Consul vient de lui décerner.

Cependant, notre petit nombre, l'ingratitude du terrain, la nuit qui survenait, l'extrême fatigue de nos chevaux épuisés par la faim, une cavalerie nombreuse sous les yeux de laquelle l'action se passait et qui aurait pu prendre sa revanche, ne permirent pas au prudent et brave Murat d'exposer, en nous laissant aller plus avant, les fruits de cette journée glorieuse. D'ailleurs notre infanterie, qui arriva presque aussitôt que nous en tirailleurs, n'aurait peut-être pas eu le temps de se rallier en cas que nous eussions fait un demi-tour.

Ainsi finit cette mémorable journée. L'obscurité ne permit pas de soulager tous les malheureux blessés ; un grand nombre resta sur le champ de bataille. L'Autrichien et le Français devenus frères, se rapprochèrent en se traînant comme ils purent et se donnèrent de mutuels secours.

Chacun se coucha où il se trouvait, le sac sur le dos et le fusil entre les jambes. Des cavaliers tenant leurs rênes dans le bras s'endormirent eux et leurs chevaux, sans boire ni manger. Dix heures sonnaient à Marengo lorsque nous revenions lentement vers San Juliano. Plusieurs, harassés de fatigue et plus encore de sommeil, dormaient sur leurs chevaux, mais étaient à chaque instant éveillés par les cris douloureux de ceux que l'on portait sur des fusils ou des brancards ; de ceux encore qui, abandonnés et épars dans les champs, imploraient notre secours et pénétraient les cœurs humains et sensibles de cette mélancolie qui n'est pas inconnue au vrai soldat et qui lui est si honorable. Des chevaux erraient çà et là sur trois pattes, appelant les nôtres par leurs hennissements. A chaque pas il fallait se détourner pour ne point écraser les blessés. Les fossés et la route étaient encombrés de caissons, d'équipages, de canons renversés. Plus loin, quelques maisons dévorées

par les flammes, s'écroulaient sur de malheureux habitants à moitié morts de frayeur et cachés dans leurs caves. L'obscurité profonde qui nous enveloppait rendait le tableau plus affreux encore. Des prisonniers ne sachant où aller, mais espérant échapper, erraient à l'aventure. Si des soldats français, ployant sous le poids de leurs camarades blessés, les rencontraient, on les forçait de revenir, en chargeant sur leurs épaules ces fardeaux respectables.

Enfin nous arrivâmes au quartier général qui servait d'ambulance. Chacun se fourra où il put parmi les morts et les mourants, sans que les cris et les gémissements pussent surmonter la violence du sommeil. Le lendemain, la faim prenant le dessus, j'entrais très tristement dans la cour du quartier général pour me procurer, ainsi qu'à mon cheval, quelque subsistance, lorsque le spectacle le plus horrible me remplit d'un frissonnement universel. Plus de trois mille blessés français et autrichiens, entassés les uns sur les autres, dans la cour, dans les granges, dans les écuries, les étables, jusque dans les caves et les greniers, poussaient de lamentables cris et juraient même contre les chirurgiens qui ne pouvaient suffire à tant de pansements à la fois. J'entendis de tous côtés les voix languissantes de plusieurs de mes camarades, de mes amis qui me demandaient à boire ou à manger. Tout ce que je pouvais faire était de leur aller chercher de l'eau dans ma gourde ; et en effet, oubliant mes propres besoins et ceux de mon cheval, je restai plus de deux heures à faire tour à tour le service de chirurgien et d'infirmier. Toutes les personnes valides en firent autant.

Ce ne fut que le surlendemain de la bataille, à la pointe du jour, que nous apprîmes la nouvelle de l'armistice, qui remplit l'armée française d'une joie sans égale. En même temps, les vivres commencèrent à arriver, ainsi que les voitures pour le transport des blessés. Le 27 prairial, les prisonniers faits sur nous nous furent rendus, et le Consul, escorté des chasseurs de sa garde, partit pour Milan où il se rendit d'un trait.

AUSTERLITZ

(1805)

D'APRÈS LES MÉMOIRES DE JEAN-PIERRE SIBELET

LIEUTENANT AU 11ᵉ CHASSEURS A CHEVAL

A Amstetten, le 6 novembre, l'armée eut sa première rencontre avec les Russes qui étaient venus au secours des Autrichiens. Ils furent bien reçus. Il y en eut 7000 de prisonniers. Plus de 3000 blessés, tant Autrichiens que Russes étaient dans la ville. Nous continuâmes de là notre route sur Mœlk où il y avait une abbaye qui nourrit l'armée pendant plusieurs jours. Le 9, nous étions à Saint-Pœlten, jolie petite ville sur la grande route à dix lieues de Vienne. J'y achetai du pain pour donner à la troupe de la compagnie dont je faisais partie.

Quand nous arrivâmes, le 10, au pont qui traverse le Danube en face Krems, il brûlait encore, et nous eûmes le triste spectale des Russes battant la division du maréchal Mortier qui avait descendu le fleuve par bateau pour arriver plus vite. Nous les observions en faisant des vœux pour eux; nous les voyions avancer, reculer, au travers des vignes, mais tout à coup une colonne passa par le flanc et fit nos troupes en partie prisonnières. Quelques-uns vinrent avec des planches ou des bateaux en traversant le fleuve se joindre à nous, mais il en périt plusieurs durant ce trajet.

Le 13, nous bivouaquâmes près de Vienne que les Autrichiens avaient abandonnée sans résistance et sans même couper le pont. Nous ne fîmes que traverser la ville pour être le 15 à Stockerau où il y avait tous les magasins d'habillement, équipement et armement des armées autrichiennes et d'autres magasins de grains, farines, etc., etc., que l'ennemi nous avait abandonnés dans sa marche précipitée. A Hollabrünn, nous fûmes arrêtés par un armistice de vingt-quatre heures conclu entre l'envoyé français et le général Russe. C'étaient les Russes qui avaient demandé ces vingt-quatre heures pour chercher à faire filer leurs bagages, leurs ambulances et leur matériel d'armée. Cette trève, soi-disant, devait préluder au traité de paix qu'ils ne pensaient nullement à conclure. Le 16, les vingt-quatre heures étant expirées, l'Empereur qui n'avait pas reçu de réponse des Russes, ordonna à neuf heures et demie du soir d'attaquer l'ennemi. C'était une nuit fort obscure. Les Russes étaient postés au nord de la ville et nous au midi. Nous fîmes une marche à gauche pour nous porter ensuite en avant et attaquer la droite; notre infanterie attaquait de front et bientôt les Russes mirent le feu à la ville pour empêcher notre artillerie de suivre la route qui la traversait tout au long, du midi au nord. Les flammes des incendies éclairèrent alors les deux armées. Pour nous, arrivés à la position qui nous était désignée, nous étions dans l'obscurité, nous sentions seulement que nous approchions des ennemis. Nos éclaireurs ne marchaient que quelques pas en avant de nous de crainte de nous perdre de vue et de se jeter dans les Russes. Derrière, le régiment marchait en colonne. En ma qualité d'adjudant-major, mon devoir était de me trouver un peu partout où le bien du service m'appelait, mais plus particulièrement d'être à portée de recevoir les ordres de mon colonel et de lui rendre compte de ce qui se passait. Je me portai en avant et mis pied à terre. En me baissant et en fixant du côté de la ville d'Hollabrünn à l'horizon, je découvris, à la clarté que donnaient les flammes, les grenadiers russes qui étaient à trente pas de nous. Je pus les distinguer à leurs bonnets qui sont en forme de pain de sucre. Nous nous trouvions derrière eux qui faisaient face à la ville enflammée. Entre eux et nous, il y avait la grande route qui était creuse. J'avertis le colonel de ce qui se passait et, comme notre artillerie légère nous suivait, le colonel fit prévenir le commandant de se tenir sur ses gardes. A cet avertissement, celui-ci fit mettre en batterie, sans faire de bruit, quatre pièces chargées à mitraille. Le colonel

HOLLABRÜNN. — BATAILLE DANS LA NUIT.

(Page 165.)

fit faire un mouvement rétrograde de quelques pas : bientôt, les quatre coups à mitraille partirent et firent un carnage affreux dans les rangs ennemis. On entendait les cris de lamentation. Étant passé de l'autre côté de la route pour chercher à poursuivre les ennemis qui étaient dans le cas de résister, nous trouvâmes, en chargeant en fourrageurs et à tâtons, quelques soldats russes par groupes de dix à douze. A notre approche, ils se jetaient par terre ayant leurs fusils à côté d'eux et, à notre passage, ils nous paraissaient être du nombre des morts, mais, à peine les avions-nous dépassés, qu'ils se relevaient et faisaient feu sur nous par derrière. Instruits de cette manœuvre, nous tournâmes bride : les soldats qui avaient tiré se couchèrent de nouveau, mais ils furent tous percés de coups de pointe de sabre dans le dos, on peut dire comme des crapauds.

Bientôt la confusion fut au comble. Notre infanterie, nous prenant pour des troupes ennemies fit feu sur nous; mais comme elle était fort élevée, les balles passèrent au-dessus de nos têtes. Nous prîmes un moment après deux pièces de canon russes que nous fûmes obligés de lâcher. Les Russes en prirent quatre des nôtres que nous leur enlevâmes. L'infanterie russe se livrait à toute outrance au désespoir : les soldats tiraient les uns sur les autres. Des bataillons et des escadrons français se trouvaient dans le milieu des Russes, et les Russes dans le milieu des Français; nos canons tiraient sur nous et les canons russes tiraient sur les Russes. C'était vraiment une confusion complète. Et puis, sur les trois heures du matin, il survint un froid surprenant. Les Russes en cherchant à gagner la route de Znaïm nous abandonnèrent plusieurs pièces de canon que nous ne pûmes distinguer qu'au jour. Deux des nôtres qu'ils avaient prises furent aussi abandonnées et restèrent en notre pouvoir. Cette bataille nous valut quatorze pièces d'artillerie, dix-huit caissons, onze cents hommes tués ou blessés. Les morts étaient gelés raide sur la terre. Plusieurs avaient fait comme les renards. En grattant ils s'étaient fait des terriers pour s'enterrer.

Quand le jour parut, tout était tranquille. Les seuls bruits étaient les cris des blessés russes ou français.

Les ennemis avaient filé sur la route de Znaïm et avaient forcé leur marche, mais un grand nombre de pillards, de traînards s'étaient introduits dans les caves qu'on rencontre en grand nombre, en rase campagne, car la Moravie est très abondante en vin blanc. Là, on les trouvait morts ivres, ayant percé un ou plusieurs tonneaux à coups de fusil pour avoir du vin. En nous voyant, ils étaient comme des bêtes, ne craignaient point notre approche; ils prenaient une espèce d'image qu'ils avaient suspendue après leur corps, dessous leur chemise, image qu'ils appelaient scapulaire. Ils la baisaient et se mettaient à rire. Plusieurs milliers d'hommes se firent prendre de la sorte.

Le 17, toute l'armée marcha sur Znaïm et, quant à nous, nous continuâmes à tirailler avec les troupes de l'arrière-garde ennemie; nous bivouaquâmes dans un village aux environs, et, le lendemain, le régiment ayant en tête un aide de camp du général Margaron, nous fîmes une reconnaissance jusqu'aux frontières de Bohême où l'aide de camp demanda une contribution en argent pour son général. Le 19, continuant à marcher sur les traces de l'ennemi nous fûmes à Wosslitz assez près de Pohrlitz au bord de la rivière. Quel n'est pas mon étonnement le surlendemain en arrivant à onze heures de nuit après une marche de nuit dans le village de Anthaecht d'entendre parler français. Je crus d'abord que des

troupes Françaises y étaient arrivées avant nous, mais nous apprîmes bientôt que ce hameau était uniquement peuplé de Français qui s'y étaient réfugiés lors de la révocation de l'Édit de Nantes. Ces bonnes gens nous accueillirent en nous offrant tout ce qu'ils avaient de meilleur.

Le 22 novembre nous allâmes au village de Scharalchitz. Le feu qui éclata pendant la nuit brûla toutes les provisions qui s'y trouvaient. Nous ne pûmes découvrir comment le feu s'était communiqué dans des greniers fermés à clef.

Le 23, tout le régiment fut destiné pour aller surprendre la petite ville de Gaya en Moravie, garnison habituelle du régiment des dragons de La Tour ; nous y trouvâmes leurs magasins d'habillement, équipement, harnachement et armement. Tout fut conduit sous escorte à Vienne.

Dans cette ville de Gaya, nous fîmes un service pénible pendant un espace de cinq jours, à faire marcher de jour et de nuit des détachements pour découvrir quels étaient les projets de nos ennemis. Nous allions sur Wischau, Corischau, Bisenz, Goding, Osterau, Wessely et sur la route d'Olmütz et tout le long de la rivière de Morawa. Journellement il fallait faire le coup de sabre et de carabine, éprouver des pertes ou faire de légers profits. J'avais une ronde à faire chaque nuit de trois lieues au moins pour visiter les grand'gardes du régiment qui se trouvaient aux avant-postes et souvent il m'est arrivé de faire deux fois ce trajet.

Le 28 novembre, en ma qualité d'adjudant-major, je fus tenu d'aller de ma personne donner ordre à tous les postes avancés de rentrer au régiment à Gaya. Étant de retour, nous prîmes deux guides que nous conduisîmes dehors de l'endroit avant de leur dire la route par laquelle ils devaient nous conduire. C'était à Urschitz. Dans ce village je pris deux autres guides en obligeant les premiers à suivre notre marche. A Menitz, j'en pris encore d'autres, puis à Sokolowitz, près du lac où se donna la bataille d'Austerlitz. Enfin nous fûmes nous poster à Telnitz : nous ne pouvions pas douter, à cause des marches de nuit et du grand silence qu'on observait, que nos ennemis ne nous suivissent de près et que nous ne dussions nous tenir sur la défensive.

Le lendemain 30 novembre, la journée se passa tranquillement, bien que toute l'armée s'attendît à être attaquée par les Austro-Russes. Elle se tenait sur ses gardes.

Le 1er décembre, deux cents hommes du régiment passèrent le ruisseau près du château de Menitz et se portèrent en avant sur l'éminence qui se trouve à l'est du château et à la gauche de la rivière qui alimente les deux lacs. Plus de douze cents cosaques irréguliers débouchèrent au galop de leurs chevaux, venant d'une certaine distance, mais voyant la contenance de ces deux cents hommes, ils se mirent au pas, puis s'arrêtèrent, et puis ils se dispersèrent en fourrageurs, comme des moutons, tout épars, ayant l'air de vouloir venir attaquer nos flancs. Le chef d'escadron Jacquinet qui commandait ces deux cents hommes, fit disposer sa troupe en trois pelotons. Comme c'est moi qui me trouvai chargé de cette opération, je les formai en patte d'oie, et ils reçurent l'ordre de fondre sur les ennemis sans s'éloigner et d'avoir attention de se retirer sur le peloton de rassemblement en cas que le ralliement vint à sonner. Je me portai de ma personne à dix pas d'eux, ayant l'air de provoquer les cosaques pour tâcher de les attirer. Ils avancèrent, mais avec méfiance. Tout à coup notre troupe se porta en avant et au trot seulement, mais les cosaques qui voyaient notre ensemble prirent la fuite tout épars. Dix-huit qui n'eurent pas le temps de se diriger par le bon chemin se culbutèrent et furent pris. Sept d'entre eux furent tués et d'autres fort blessés.

Comme la nuit approchait, nous nous retirâmes au bivouac près de Menitz pour passer la nuit.

A une heure du matin, le 2 décembre, dans le plus grand silence nous reçûmes

une proclamation de l'Empereur Napoléon par laquelle il recommandait aux troupes qu'il ne fallait plus que la bataille que nous allions gagner pendant la journée du 2 décembre 1805 pour éterniser le nom du soldat français et qu'il comptait d'avance sur le matériel d'artillerie des ennemis pour être conduit et fondu à Paris pour en faire un monument sur lequel les noms des héros morts au champ d'honneur seraient gravés. Cette proclamation fut lue à la chandelle cachée sous un manteau et tous nos chasseurs se dirent : Vaincre ou mourir est notre devise.

Au point du jour toute l'armée était attentive. Notre infanterie légère était dans les buissons à la droite de la rivière. La bataille était bien prévue par la grande découverte que les cosaques avaient faite la veille. On lui a donné le nom de la bataille des empereurs de France, de Russie et d'Autriche, ou bataille d'Austerlitz, bourg de Moravie célèbre par la présente bataille. Il est à dix lieues de Brünn.

A cinq heures et demie du matin, les ennemis attaquèrent de vive force sur le point où nous nous trouvions qui était le centre de notre armée. C'est là aussi que les ennemis avaient fixé leur point principal d'attaque. Sans doute ils avaient plusieurs colonnes, mais c'était la plus considérable et où il y avait une nombreuse artillerie qui jouait sur nous. Bientôt notre infanterie fut forcée d'abandonner le bord du ruisseau pour se retirer en plaine et nous aussi, nous dûmes nous retirer, d'abord de quelques pas en arrière, mais l'artillerie ennemie nous faisant toujours éprouver des pertes en hommes et en chevaux, il était grand jour quand nous fûmes obligés de nous retirer encore de trois cents pas. Nous étions dans la fumée ne voyant qu'à peine clair tant elle était épaisse. Notre artillerie, notre infanterie, les feux des ennemis vomissaient la mort de toutes parts. Notre 4ᵉ régiment d'infanterie de ligne fut aussi obligé de faire un mouvement rétrograde et perdit en ce moment un drapeau. Artillerie, cavalerie et infanterie tout était à brûle-pourpoint. Des forces majeures nous firent encore nous replier de cinq à six cents pas en arrière dans un petit ravin où nous eûmes à souffrir des boulets des ennemis. Plusieurs chevaux d'officiers furent tués. Nous perdîmes deux capitaines et un lieutenant, plusieurs sous-officiers et chasseurs avec cinquante-sept chevaux de troupe tués.

Les ennemis avaient affaibli leurs ailes pour fortifier leur centre. Déjà, une grande partie de leur artillerie avait passé le ruisseau qui jette ses eaux dans le lac quand tout à coup une charge de notre armée, à l'attaque de gauche qui était en partie composée de la Garde impériale, s'effectua, tant sur le grand plateau que sur la montée qui se trouve au nord du lac et à deux portées de fusil de distance. Les ennemis furent culbutés et en partie détruits. Ceux qui purent s'en échapper se jetèrent sur le lac pour le traverser, mais le poids énorme fit enfoncer la glace de sorte que hommes, chevaux et artillerie furent en partie submergés au fond de l'eau.

A ce moment, le signal général fut donné et bientôt nous nous portâmes en avant au galop. Tout ce qui se trouvait devant nous, artillerie, cavalerie et infanterie fut ramassé. Vingt-deux pièces de canon qui cinq minutes avant nous faisaient tant de mal furent prises en batterie contre le village de Steinitz et les hussards de Szekler qui s'étaient emparés du passage important du pont de Steinitz et qui le gardaient,

y furent culbutés et en partie faits prisonniers de guerre. Les généraux Merle et Schiner se conduisirent d'une manière digne d'eux.

La droite de l'ennemi était

en partie détruite; le centre, portion prise, portion noyée et quelques fuyards çà et là; la gauche des ennemis voulait se replier en ordre, mais bientôt elle abandonna ses canons, et portion de son monde resta en notre pouvoir. Il n'y eut que quelques partis d'infanterie, de la cavalerie de différente espèce qui s'échappèrent au travers des forêts.

Cette bataille nous valut quarante mille hommes russes ou autrichiens prisonniers de guerre y compris les morts. Cent vingt pièces d'artillerie restèrent entre nos mains, trois cent soixante voitures chargées de poudre, boulets, obus ou de bagages; quatre-vingt-deux carrosses — jamais je n'en avais tant vu ensemble. — Nous y eûmes aussi soixante-quatre sous-officiers et chasseurs tués ou blessés. Le colonel y fut blessé.

Nous marchâmes en avant pour faire des prisonniers, l'ennemi ayant gagné les forêts. Il tombait une pluie affreuse pendant la nuit du 2 au 3 décembre et nous fûmes bivouaquer au village de Reichsmansdorff qui est en avant de Stokolwitz, sur la route d'Austerlitz au bord de la rivière.

C'est sur le champ de bataille que je fus reçu adjudant-major, j'en faisais les fonctions depuis mon départ de Boulogne. Je fus aussi reçu chevalier de la Légion d'honneur. C'était beaucoup pour moi de recevoir deux grades sur le champ d'une bataille mémorable.

Le 3 décembre, le régiment se dirigea d'Oulschutz à deux lieues et demie d'Austerlitz sur la route de Hongrie où nous trouvâmes le corps d'armée du maréchal Bernadotte qui était campé sur la hauteur à un quart de lieue, en face des restes des deux armées russe et autrichienne.

Le lendemain 4, une entrevue des Empereurs de France et d'Autriche eut lieu près du moulin et d'un étang sur la route de Oulschutz à Tzchaitche. C'est là qu'ils signèrent les préliminaires de la paix future. Nous avions encore ramassé pendant ces trois derniers jours près de quatre mille prisonniers de différentes armes.

SOMO-SIERRA

(1808)

D'APRÈS LES SOUVENIRS DU COLONEL NIEGOLEWSKI

EX-SOUS-LIEUTENANT AUX CHEVAU-LÉGERS DE LA GARDE

Le régiment de Chevau-légers de la Garde Impériale fut formé à Varsovie par décret de l'Empereur daté de Finkenstein, le 7 avril 1807. Il devait être considéré comme une représentation nationale, car la jeunesse la plus distinguée accourait de toutes les provinces de l'ancienne Pologne, même des contrées les plus éloignées de Varsovie pour y être admise. Croyant voir dans ce régiment une représentation politique et militaire de la Pologne renaissante, ils désiraient approcher de plus près l'Empereur pour servir immédiatement la personne de celui en qui ils croyaient voir le restaurateur de leur patrie.

Notre 3e escadron prit, au commencement de 1808, le chemin de la France sous le commandement du capitaine Dziewanowski. Pendant notre marche, l'esprit militaire n'y dominait pas beaucoup. Les officiers traitaient encore les soldats de *messieurs*, et ce ne fut qu'à Mayence que le titre de *monsieur* fut aboli. Voici comment :

Dans cette ville, le capitaine Dziewanowski m'ordonna d'aller à la caserne, de faire monter l'escadron à cheval et de le mener hors de la ville où il devait me

17..

rejoindre avec les autres officiers. J'allai donc exécuter cet ordre et je fis sonner
à cheval. Tout l'escadron avait déjà obéi, sauf quelques chevau-légers, parmi
lesquels Nidermayer et Zorobabel. Je les interpellai vivement sans faire précéder
leur nom du *monsieur*, ce dont ils se montrèrent fort irrités ; Nidermayer
surtout poussa si loin les murmures que je lui ordonnai de mettre pied à terre et
de marcher devant les trompettes. Arrivés à l'endroit indiqué, nous fûmes rejoints
par le capitaine et les autres officiers. Je fis mon rapport au chef qui approuva
ma conduite. Ensuite nous nous mîmes en route en suivant la chaussée des bords
du Rhin, et Nidermayer continuait à murmurer et menaçait de sauter dans le
Rhin ; je lui répondis qu'il était bien le maître. Il n'en faisait rien encore et
répondait : « Me l'ordonnez-vous, mon lieutenant ? me l'ordonnez-vous ? » avec
une telle insistance que je finis par lui dire : « Fais comme tu veux, je ne te
prendrai pas au collet pour t'en empêcher. » A peine avais-je prononcé ces paroles
que mon homme se précipita dans la rivière. Sachant bien nager, je me jetai dans
le Rhin après lui et je le ramenai sain et sauf sur le rivage. Dès lors, dans le
langage des officiers aux soldats, le *monsieur* fut remplacé par *toi*.

A notre arrivée en France, nous fûmes dirigés sur Chantilly, où nos chevaux
furent logés dans les écuries du prince de Condé, transformées en caserne ; après
quelque séjour, nous fûmes envoyés à Bayonne, où devait arriver l'Empereur.
Aussitôt son arrivée, il acheta la villa de Marrac dont il fit embellir les jardins ;
c'est dans cet endroit qu'il établit son quartier général, où nous arrivâmes pour
faire le service auprès de sa personne. Notre escadron campait à un quart de
lieue de l'habitation impériale, dans un jardin, et, chaque jour, un de nos pelotons
faisait le service auprès de l'Empereur.

Dès les premiers jours, l'Empereur fit donner l'ordre à l'escadron de monter
à cheval pour être passé en revue. Nous nous rangeâmes en bataille dans le jardin,
et, bientôt, Sa Majesté arriva, en uniforme des Grenadiers à pied, accompagné de
plusieurs généraux, parmi lesquels se trouvait son écuyer, le général Durosnel.
Le major Delaître, qui nous commandait, ayant été invité à montrer notre savoir-
faire à l'Empereur, nous fit exécuter je ne sais quelle conversion. Comme nous
connaissions fort peu la théorie que nous n'avions pas eu le temps d'apprendre,
et que d'ailleurs le commandant avait la voix très faible, nous brouillâmes nos
rangs ; l'un tirait à droite, l'autre à gauche. L'Empereur fit la moue, mais sans
montrer de colère, et dit : « Ces jeunes gens ne savent rien. » Ensuite il appela

Copyright 1894 by Boussod, Valadon & Co.

LA REVUE.

[Page 118.]

le général Durosnel et dit : « Durosnel, je vous donne ces jeunes gens; apprenez-leur la manœuvre, mais il faut commencer par l'école du cavalier ». Durosnel se prit bientôt pour nous d'une vive affection et s'acquitta de sa tâche avec toute la ponctualité, non pas d'un général, mais d'un instructeur. Il prenait à part chaque officier et ensuite des chevau-légers pour leur apprendre à seller leurs chevaux et leur enseigner le nom français de chaque partie du hanarchement.

Je me rappelle avec satisfaction d'avoir, quelques semaines après, fourni à l'Empereur l'occasion d'avoir de nous une meilleure opinion. Voici comment : Il y avait à peine quelques jours que Ferdinand VII se trouvait à Bayonne quand un incendie éclata pendant la nuit dans la ville, en deux endroits différents. Le bruit se répandit que le feu avait été mis exprès par les Espagnols et que ce sinistre devait être le signal dont ils étaient convenus pour se ruer sur Bayonne, surprendre et tuer l'Empereur à Marrac et ramener Ferdinand VII en Espagne. Cette même nuit, j'étais justement de service au château et logé avec mon peloton dans une auberge qui y faisait face. Je reçus l'ordre de me porter tout de suite avec mes soldats devant le palais, ce que je m'empressai de faire sur le champ, laissant mon trompette que je n'avais pu parvenir à réveiller. L'Empereur parut sur le perron, et voyant mon peloton déjà en bataille et le sabre en main, il cria aux Grenadiers et Chasseurs de la Garde, sortant de leurs tentes construites sur la pelouse : « Allons, vieilles moustaches, vous êtes encore sous vos tentes, tandis que ces jeunes gens qui n'ont pas encore de poil au menton sont déjà à cheval ! » Puis, s'approchant de moi :

« Avez-vous des cartouches ? me demanda-t-il.

— Non, Sire.

— Avec quoi me défendrez-vous donc si je suis attaqué ?

— Nous avons des sabres, Sire.

— C'est bien. »

(Qu'avions-nous besoin de cartouches, les pierres de nos mousquetons étaient de bois.)

Puis, se rappelant sans doute notre maladresse et voulant se convaincre par lui-même de l'état présent de notre instruction, il se plaça à deux pas devant moi en face de mon peloton et me dit : « Faites ouvrir les rangs ! »

L'Empereur, ainsi placé devant le poitrail des chevaux du premier rang, je courais le risque de le renverser. Cependant je ne perds pas la tête et je commande : « En arrière ! ouvrez vos rangs ! marche ! »

Alors, il passa entre les rangs, les fit fermer et rentra au château. La demi-compagnie de Grenadiers et de Chasseurs et nous, passâmes plus d'une heure devant le palais, et ce n'est que lorsqu'on fut certain que l'incendie était un simple acci-

dent que nous fûmes renvoyés à nos postes respectifs. Une heure après, le service de Sa Majesté m'apporta plusieurs paniers de vins et diverses provisions de bouche avec ces mots : « L'Empereur vous envoie de quoi vous rafraîchir. » Il y en avait tant que j'invitai mon capitaine Dziewanowski et les autres camarades qui bivaquaient dans le camp à venir prendre part aux rafraîchissements que l'Empereur avait envoyés.

Le service que nous remplissions près de Marrac nous donna l'occasion de connaître l'Empereur et nous a laissé de profonds souvenirs. Non seulement nous vîmes passer sous nos yeux les plus graves événements, mais nous pûmes voir l'Empereur dans ses moments de loisir et d'abandon. Plus d'une fois je vis le maître du monde se livrer à des transports de gaieté juvénile. C'est ainsi qu'il poussa une fois l'impératrice Joséphine dans une petite crique au bord de l'Océan, appelée la Chambre-d'Amour. Un peloton de l'escadron suivait toujours l'Empereur dans ses promenades ; l'impératrice Joséphine l'accompagnait quand il sortait en calèche. Il prit les souliers que l'Impératrice avait perdus en sortant et les jeta au loin ; je voulus les rapporter, mais l'Empereur m'en empêcha et la fit monter déchaussée dans la calèche.

Une autre fois, en visitant avec l'Impératrice le fort du Château-Vieux, il passa par une haie où l'Impératrice, voulant le suivre, accrocha aux ronces la légère étoffe de sa robe. Je me précipitai pour dégager Sa Majesté, mais je ne fis qu'embarrasser davantage la robe dans les épines et je la mis en pièces. Leurs Majestés rirent beaucoup de ma maladresse et de ma confusion.

C'est de Marrac que nous allâmes en Espagne pour y recevoir le baptême du feu. Pendant notre marche sur Somo-Sierra nous pûmes nous convaincre que nous aurions à combattre, non pas une armée, mais tout un pays transformé en camp.

Une fois, je fus envoyé du camp de Santa-Maria pour fourrager à la tête de plusieurs centaines d'hommes. Quelques soldats seulement avaient des sabres et des pistolets ; les autres n'étaient munis que de sacs et de cordes. A quelque distance nous arrivâmes à un champ couvert d'avoine fauchée. J'y désignai une partie de mon monde pour la ramasser, sur quoi survint un espagnol qui m'engagea à le suivre au village voisin, où se trouvait de l'avoine en grains que les habitants me donneraient contre un reçu. Ne soupçonnant pas de ruse, je laissai les soldats qui étaient occupés, et, avec les autres, je suivis mon nouveau guide. L'Espagnol me conduisit à un grand village où je n'étais pas encore entré que le son de toutes les cloches, tant de ce village que des environs, rassembla autour de nous plusieurs centaines d'hommes diversement armés. Je dus me retirer promptement et, poursuivi par eux, je ne m'arrêtai qu'au delà d'une montagne où les routes se croisaient.

Là, je comptai les soldats qui avaient des armes ; ils étaient trente, mais je fus bientôt rejoint par le reste de mes hommes accourus au bruit des coups de fusil ; nous tournâmes les assaillants, et non seulement nous n'essuyâmes aucune perte, mais nous ramenâmes soixante prisonniers et beaucoup d'armes à feu. Pendant notre retour, un berger caché derrière un buisson me tira un coup de fusil à bout portant et prit la fuite en abandonnant son troupeau de moutons, dont nous nous emparâmes dans l'intention de le chasser jusqu'au camp. Heureusement je rencontrai le capitaine Brocki, qui me conseilla de laisser là ces moutons, me disant que l'ordre ayant été donné de ne rien prendre aux Espagnols, je pouvais être sévèrement puni et même dégradé pour l'avoir enfreint, et que sans doute les Espagnols

ne manqueraient pas de m'accuser de les avoir pillés.

Le capitaine ne se trompait pas. Les Espagnols, passant par les montagnes, me devancèrent et dirent au maréchal Bessières que je leur avais ravi leurs moutons. Il ne me fut pas difficile de me justifier, et je représentai avec vivacité au maréchal le guet-apens dont moi et mes soldats avions failli devenir victimes, et la mansuétude dont j'avais usé avec eux, quand je pouvais les sabrer jusqu'au dernier. Il faut dire qu'à mon insu mes soldats, affamés, égorgèrent une douzaine de ces moutons et les suspendirent aux arbres pour les dérober aux regards en cas de visite. En effet, quand le maréchal procéda à l'inspection du camp et chercha les moutons à terre et non dans les branches, il ne trouva rien. Plus tard, ayant appris cette ruse, il en rit beaucoup.

Le 29 novembre, l'escadron, de service auprès de l'Empereur, l'escorta jusqu'à Bocequillas, où les Chasseurs et les Grenadiers nous remplacèrent auprès de Sa Majesté, tandis que nous allions nous établir entre ce village et la Somo-Sierra, qui était occupée par un corps d'armée espagnol fort de 13,000 hommes, sous les ordres du général San Juan Benito. Un poste d'infanterie faisait, au pied de la montagne, la pointe de notre avant-garde. Le 1er, le 2e, le 4e escadrons de notre régiment étaient demeurés pour passer la nuit avec le reste de la garde à cheval au delà de Bocequillas.

Le soir de ce même jour je fus envoyé avec mon peloton en reconnaissance sur les derrières du quartier général. En revenant je rencontrai le lieutenant Kruszewski,

de la 3ᵉ compagnie, le même qui, sous les murs de Dresde, en 1813, ayant eu la jambe emportée par un boulet, mourut entre mes bras. Je troquai avec lui un cheval alezan de belle apparence contre un kosat bai-clair bien membré. J'ajoutai même l'appoint de quelques napoléons, comme si j'eusse pressenti qu'une monture vigoureuse m'allait être plus nécessaire qu'un cheval de parade.

Le 30 novembre, de grand matin, tous les officiers n'étaient pas encore levés, quand nous aperçûmes l'Empereur qui arrivait à cheval. Le lieutenant Etienne Krzyzanowski dormait profondément, et c'est à peine si je pus le réveiller : il semblait prévoir que c'était son dernier sommeil avant le sommeil éternel.

L'Empereur se porta en avant vers les montagnes pour reconnaître le terrain. En revenant il mit pied à terre et s'assit sur un escabeau auprès d'un feu qui flambait sous un arbre.

Au moment où l'Empereur se chauffait, un de nos chevau-légers s'efforçait de passer par le cortège impérial pour allumer sa pipe ; comme les officiers l'en empêchaient, l'Empereur s'en aperçut et dit : « Laissez-le faire. » Le chevau-léger prit du feu et se préparait à se retirer quand les officiers l'invitèrent à remercier Sa Majesté ; mais le soldat, qui voyait bien que nous n'étions pas pour rien postés sous les montagnes, à deux pas des Espagnols, indiqua du doigt la Sierra et se contenta de répondre : « A quoi bon le remercier ? C'est là que je le remercierai ! »

Notre escadron, qui était de service auprès de l'Empereur, reçut l'ordre de monter à cheval et vint se ranger en colonne par pelotons au pied des montagnes, sur la route, devant la tranchée que les Espagnols y avaient pratiquée pour rendre encore plus difficiles les abords d'une position jugée imprenable et derrière laquelle le général Don Benito San Juan campait avec ses 13,000 Espagnols. L'épaisseur du brouillard, qui ne permettait pas de voir à deux pas de soi, fut cause que nous prîmes position presque sous les batteries ennemies, qui ne manquèrent pas de nous accueillir par une volée de mitraille, mais sans blesser personne. Je ne pus m'empêcher, jeune officier que j'étais, de faire remarquer à mes camarades que si les Espagnols avaient pointé un peu plus bas ils nous auraient écharpés. Le lieutenant Rudowski m'ayant entendu, me dit avec vivacité : « Tais-toi donc ; ils peuvent t'entendre et diriger leurs coups d'après ta voix. »

Après avoir reçu le salut des batteries espagnoles, notre escadron se forma en bataille sur la droite de la chaussée.

Bientôt nous fûmes rejoints par le capitaine Jean-Népomucène Dziewanowski, qui avait été appelé auprès du général Montbrun, commandant l'avant-garde. La première chose qu'il fit fut de demander quel était l'officier de service, car le général lui avait donné l'ordre d'envoyer un officier avec un peloton dans la montagne, vers la droite, pour y prendre langue. On s'écria de tous côtés : « C'est le tour de Niegolewski. » J'étais le plus jeune officier de l'escadron et, suivant l'usage militaire de toujours dauber sur le plus jeune, on voulait que je fisse la corvée. Je dis au capitaine que je marcherais volontiers s'il me permettait de choisir mes hommes. Il y consentit et je fis un choix des plus braves de l'escadron. Je m'engageai avec eux dans la montagne et m'enfonçai au milieu de gorges où serpentaient d'étroits sentiers qu'il fallait suivre en marchant par deux et quelquefois par un. L'épaisseur du brouillard ne laissait rien distinguer à deux pas : nous entendions seulement, au-dessus de nos têtes, le bruit de la foule et le cliquetis des armes. Ce n'était pas là une agréable position pour une patrouille à cheval, cherchant à prendre langue. Cependant il fallait exécuter l'ordre ; aussi, sans tenir autrement compte des difficultés, je poussai ma pointe jusqu'à un petit village où je fis mettre

pied à terre à quelques soldats, leur ordonnant de le fouiller et de trouver quelque créature humaine. Ce fut en vain ; mes chevau-légers revinrent sans avoir rencontré âme qui vive. Bon gré, mal gré, il fallut continuer mes explorations jusqu'au second et au troisième hameau. Personne ! Toutes les cabanes étaient ouvertes et vides. La division d'infanterie du général Lapisse, dans sa marche sur Sepolveda, où se trouvaient les détachements de l'avant-garde espagnole, avait fait fuir tous les habitants, à l'exception d'un troupeau de dindons. Affamés que nous étions, nous dûmes les laisser après en avoir seulement rassasié nos yeux. Nous poussâmes plus loin et nous arrivâmes enfin à un village devant lequel se trouvait un détachement d'infanterie espagnole. Combien étaient-ils? je n'en sais rien, car à cause du brouillard nous ne nous vîmes qu'à une distance de un pas. Les Espagnols firent feu et disparurent derrière les rochers, où je n'avais nulle intention de les poursuivre. Ne connaissant pas le terrain et ne voulant pas m'enfoncer dans les montagnes, je n'avais plus qu'à commander demi-tour à droite et à rebrousser chemin. Pendant mon retour, je m'aperçus que le chevau-léger Pominski nous manquait : son absence ne dura pas longtemps; lorsqu'il nous rejoignit, il tenait devant lui, sur son cheval, un soldat espagnol. « Mon lieutenant, me dit-il, le voyez-vous? Ce coquin de Caraco a voulu m'échapper, mais je le tiens ferme. »

L'Espagnol, délivré des bras de Pominski, mais plus mort que vif, se jeta à mes pieds en joignant les mains et criant : « *Senor, por l'amor de Dios, ne me mata ustei.* » Je n'avais nulle intention de le tuer, car c'était sa langue vivante et non sa langue coupée qu'il me fallait. J'arrivai sans encombre avec mon prisonnier, que je remis aux mains du capitaine Dziewanowski, lequel le conduisit auprès du général et vint me dire peu après de le mener moi-même à l'Empereur. Mais j'étais harassé; de plus, une des sangles de ma selle s'était rompue. Je priai donc le capitaine de m'exempter de la commission. Le prisonnier fut donc conduit à l'Empereur par un aide de camp du général Montbrun. Cet aide de camp s'attribua la prise, ce qui lui valut la croix.

Lorsque je rentrai à l'escadron, l'infanterie française commençait déjà à gravir les escarpements de droite et de gauche pour déloger l'infanterie espagnole embusquée des deux côtés de la route. Celle-ci, sans opposer une grande résistance, se rallia au camp de Don Benito San Juan, que les Français ne pouvaient atteindre qu'en emportant le fameux défilé. Dans cette position, les Espagnols se croyaient invincibles; la Junte elle-même, ne quittant point Aranjuez, envoyait sur ce point toutes les forces concentrées autour de Madrid, convaincue que si le défilé était bien gardé, aucune puissance humaine ne parviendrait à forcer cette porte de la capitale de l'Espagne. En effet, le défilé, tel que les Espagnols l'avaient fortifié, paraissait infranchissable. Outre l'étranglement du chemin entre des rochers dont toutes les anfractuosités et les sommets étaient garnis d'infanterie, le défilé formait *quatre* coudes, et à chacun de ces coudes se dressaient quatre pièces de canon. Aussi la route était balayée, non seulement par l'infanterie établie sur les versants et les sommets, mais par seize bouches à feu rangées sur quatre étages.

Je ne puis être certain de ce qui s'est passé à l'entrée du défilé avant mon

Copyright 1894 b; Boussod, Valadon & Co.

LA CHARGE.

(Page 180.)

arrivée ; je sais seulement que l'infanterie désignée pour enlever la position avait dû y renoncer et qu'elle n'avait même pas pu combler de fascines le fossé que l'ennemi avait creusé au travers de la route, ce dont je me convainquis moi-même quand, en chargeant, nous dûmes le franchir. Heureusement il n'était pas trop large. Qui sait si notre charge eût réussi si les Espagnols avaient donné plus de largeur à ce fossé ?

J'ignore de même ce que fit l'escadron depuis mon retour jusqu'au moment où on sonna la charge. Après avoir remis mon prisonnier aux mains de Dziewanowski, je m'étais retiré un peu à l'écart pour desseller et resangler mon cheval ; quelques cavaliers qui avaient fait la patrouille avec moi me suivirent pour m'aider et faire la même opération à leurs montures. Juste alors, le soleil fit disparaître le brouillard et le temps devint magnifique. Le lieutenant Krzyzanowski me félicita du résultat de ma reconnaissance et me dit : « Regarde l'Empereur qui arrive. Nous allons voir tout de suite si nous avancerons ou si nous dirigerons l'attaque sur un autre point. » Il retourna à l'escadron. Comme je le suivais des yeux, je vis l'escadron qui se portait rapidement vers la montagne, formé en colonne par quatre et ayant son chef d'escadron Kozietulski en tête. Je sautai à cheval et, avec les hommes qui m'avaient accompagné, je m'empressai de rejoindre la colonne pour me mettre à la tête de mon peloton. Je ne l'atteignis que lorsqu'il était déjà dans le défilé et maître du premier étage des batteries espagnoles. Dans l'angle où cette première batterie venait d'être prise, j'aperçus en passant plusieurs chevau-légers hésitant et, entre autres, Konopka, de la 7ᵉ compagnie, sur un cheval alezan à crinière blanche. Quand ils me virent passer à fond de train, ils me crièrent : « Arrêtez-vous, lieutenant ! arrêtez-vous ! le feu est horrible. » Je ne répondis que par quelques reproches énergiques ; ils se rallièrent à moi, et, en un clin d'œil, nous rejoignîmes l'escadron qui poursuivait sa course par quatre sans s'arrêter, sans ordre de bataille, aux cris de : « En avant ! vive l'Empereur ! » malgré la mitraille qui pleuvait sur son front et sur ses flancs, malgré le feu terrible que l'infanterie espagnole lançait des hauteurs environnantes.

Une fois la charge commencée, chacun se confia à la vitesse de son cheval. Ainsi moi, qui arrivais après l'attaque commencée, je fus bientôt un des premiers. Ceux qui tombaient étaient remplacés par ceux qui suivaient, et ceux-ci, renversés à leur tour, étaient remplacés par les autres qui, sans faire attention à leurs camarades abattus, arrivèrent jusqu'à la crête de la montagne après s'être emparés des quatre batteries étagées dont ils sabrèrent les canonniers sans leur donner le temps de recharger leurs pièces. De tous les officiers qui fournirent la charge d'un bout à l'autre, je fus le seul qui parvins à la quatrième batterie sain et sauf, mais mon cheval fut blessé, mon uniforme, ma giberne et mon shako furent troués par les balles et mon sabre brisé par la mitraille. Au delà de la quatrième batterie, l'ouverture entre les montagnes s'élargissait. Apercevant sur la gauche de la route

quelques fantassins espagnols groupés autour d'un bâtiment, j'arrêtai mon cheval pour la première fois ; je regardai autour de moi et je ne me vis accompagné que de quelques chevau-légers ; je demandai au maréchal des logis Sokolowski qui arrivait

ARRIVÉE DE L'EMPEREUR.

(Page 128.)

Singulier fait de la destinée! Villeneuve me croyait déjà mort. Je vis encore, tandis que lui a été tué le même jour par une balle espagnole!

Quelques moments après le départ de Villeneuve arriva la voiture de mon colonel, Vincent Krasinski, et je fus mené à Buytrago, où je trouvai le capitaine Dziewanowski qui avait eu la jambe fracassée par un boulet parti de la troisième batterie et qui avait déjà été transporté par l'ambulance de la Garde.

Pendant toute la nuit qui suivit le combat, et pendant la journée du 1er décembre, on ne cessa d'apporter des blessés à Buytrago. Dans l'après-midi, on nous évacua sur un village voisin où nous fûmes placés dans des maisons abandonnées. Il me serait difficile de décrire la position déplorable dans laquelle nous nous trouvions. Si quelque habitant était resté dans le village, peut-être, ému de pitié, il aurait soulagé par un verre d'eau notre soif fiévreuse, mais il n'y avait là que les gens du service des ambulances, tous ivres de vin et oublieux des soins qu'ils devaient aux blessés. Dziewanowski et moi fûmes trop heureux d'avoir été déposés sur le même matelas. Dziewanowski, qui, après que Kozictulski, son cheval tué, et son manteau criblé de balles, eut été obligé de se retirer, ne pouvant suivre la charge à pied, avait électrisé l'escadron qui l'aimait comme un père, avait l'épaule gauche fracassée, et on lui avait amputé la jambe droite sur le champ de bataille. Il était faible et souffrait beaucoup. Pendant la nuit, on plaça dans notre chambre un brasero rempli de charbon préalablement calciné en plein air; mais nos infirmiers négligèrent cette précaution et si un médecin qui venait heureusement d'entrer n'avait fait jeter le brasero dehors, nous passions tous des mains des médecins dans celles des fossoyeurs.

Le lendemain 2, nous fûmes transférés à Chamartin où était le quartier général de l'Empereur, et où nous trouvâmes prêts à nous recevoir de vastes bâtiments transformés en hôpitaux. Là, je fus reconnu par quelques gens du service de l'Empereur qui m'avaient vu à Marrac et qui m'offrirent leurs bons offices. Ayant appris que nous étions affamés, ils nous apportèrent du vin et quelques provisions de bouche.

Peu de temps après notre arrivée dans cet hôpital, nous vîmes le maréchal Duroc, suivi d'un page, qui portait un plateau plein de napoléons. Le maréchal nous dit que l'Empereur, prévoyant nos besoins, nous envoyait à chacun un secours pécuniaire. Chaque officier devait recevoir 8 ou 10 napoléons, chaque soldat ou sous-officier 3. Nous hésitâmes d'abord à accepter; nous demandâmes ce que signifiait cette offre d'argent? Le maréchal nous dit que ce n'était là qu'une preuve du souvenir que la charge des Chevau-légers avait gravé dans le souvenir de l'Empereur et qu'il nous envoyait pour suffire à nos premiers besoins dans ce pays ennemi.

Enfin, le 3 décembre, on nous transporta à Madrid, dans le couvent de Sainte-Marie-d'Atocha, où nous trouvâmes un hôpital bien monté et où nous fûmes confiés

aux soins de l'illustre chirurgien en chef Larrey. Il nous pansa lui-même et renvoya au lendemain l'amputation du bras gauche de Dziewanowski, mais Dziewanowski mourut cette même nuit. Il mourut comme il avait vécu, en héros, avec le nom de la Pologne sur les lèvres !

Quelques jours après, Larrey ayant annoncé qu'il allait faire une opération à ma tête le lendemain, je quittai l'hôpital et je me traînai jusqu'à Madrid où heureusement je rencontrai le capitaine de grenadiers Laplace, aide de camp du gouverneur. Je lui dépeignis ma position et il me fit loger chez la marquise de Casa-Franca. Entouré dans cette maison hospitalière des soins les plus assidus, je me guéris complètement, sans avoir subi aucune opération.

A la fin de février, je me mis en marche sur la France afin de rejoindre mon régiment sur le Danube, mais je n'arrivai à mon grand regret qu'après la bataille de Wagram où mes camarades, avec les chasseurs de la garde, se couvrirent de gloire, enlevèrent quarante-cinq canons, détruisirent quatre régiments de cavalerie et firent prisonniers un prince d'Auersperg.

L'ILE LOBAU

(1809)

D'APRÈS LES SOUVENIRS DE PHILIPPE-RENÉ GIRAULT

MUSICIEN D'ÉTAT-MAJOR

Le 20 mai, tout notre corps d'armée reçut l'ordre d'aller se poster à deux lieues au-dessous de Vienne, sur les bords du Danube, qu'il s'agissait de franchir. Pour cela, il fallait construire trois ponts : un premier pour passer dans une petite île, un second pour aborder dans l'île Lobau et enfin un troisième pour passer de l'île Lobau sur la rive gauche. J'allai voir travailler aux ponts, et, comme j'étais assis sur une pièce de bois, je vis arriver l'Empereur, qui se mit fort en colère parce qu'il ne trouvait pas le premier pont terminé. Il ne restait plus que deux ou trois barques à placer. Il ne s'en alla que lorsque le pont fut terminé, et, comme quelques pièces de bois obstruaient encore le passage et qu'on ne se pressait pas assez pour obéir à ses ordres pour les enlever, il distribua quelques coups de cravache et tout fut bientôt nettoyé.

Le 20, lorsque le pont qui reliait l'île Lobau à la petite île fut terminé, on fit avancer notre division. En arrivant au pont, nous vîmes l'Empereur qui en examinait les travaux. Mes camarades qui, comme moi, l'avaient reconnu, se mirent à plaisanter : « As-tu vu le Tondu ? — As-tu vu le Petit Caporal? » Comme il n'avait pas sa redingote et que sa tenue paraissait plus soignée que d'habitude, je dis : « Il s'est mis en toilette pour le grand bal qu'il va donner demain aux Autrichiens. » Comme je prononçais ces mots, je me sens heurter. C'était l'Empereur qui me poussait pour passer devant moi. J'aurais bien voulu avoir mes paroles dans le ventre ; mais il ne dit mot et se mit à sourire, ce qui lui arrivait rarement, et nous entrâmes dans l'île Lobau avec l'Empereur au milieu de notre Musique.

Nous traversâmes toute l'île, qui a bien deux lieues d'étendue, et l'on nous posta en bataille derrière un petit bois où nous passâmes la nuit, pendant que les voltigeurs et les grenadiers, dont on forma des bataillons, passaient sur des barques le troisième bras du Danube pour protéger la construction du troisième pont, auquel on travaillait avec la plus grande activité. Je m'étais couché près d'un feu qu'avaient allumé les travailleurs et je fis un petit somme. A mon réveil, je me trouvai le plus proche voisin de l'Empereur. Il était assis sur une pièce de bois qui me servait d'oreiller. Très étonné de n'avoir pas été dérangé, mais effarouché d'un pareil voisinage je ne savais comment me tirer de là. Je fis comme si je n'avais rien vu, je me retournai et feignis de dormir. J'écoutais de toutes mes oreilles ce que l'on pouvait dire, mais je n'entendis rien d'intéressant. On ne s'occupait que de faire diligenter les ouvriers pour la construction du pont.

De temps en temps l'Empereur s'appuyait sur les deux mains et faisait sans doute un petit somme; puis il s'informait si l'ouvrage avançait. Sur les deux heures du matin, il alla s'assurer par lui-même de l'état des travaux et dit aux ouvriers : « Si, dans deux heures, le pont est fini, il y a deux cents napoléons pour vous autres. » Sous l'œil du maître on fit des prodiges. Tout le monde travaillait : officiers, généraux étaient dans l'eau presque jusqu'au cou. A trois heures et demie tout était prêt et, à quatre heures du matin (21 mai 1809), nous abordions l'autre rive, l'Empereur et tout son état-major en tête.

En débouchant du pont nous entrâmes dans une plaine superbe. J'entendis le prince Berthier dire à l'Empereur : « Voilà une magnifique salle de bal, nous allons y faire danser les Autrichiens. » Pour cette fois il s'est trompé; il y a bien eu danse, mais c'est nous qui avons payé les violons.

L'EMPEREUR SUR LE PONT.

(Page 186.)

Notre régiment ayant pris position à droite du village d'Essling, j'allai à la découverte pour tâcher de trouver quelque nourriture, car j'avais mangé mon dernier morceau de pain le matin et il ne devait pas y avoir de distribution avant le soir. Je trouvai un bidon de graisse; puis, comme dans le village il y avait beaucoup d'oies qui avaient été plumées et vidées par les premiers arrivants, je ramassai parmi les débris des foies et des cœurs qu'on avait dédaignés et qui furent pour moi les éléments d'un bon fricot où la graisse ne manquait point. Un de mes confrères avait trouvé de la farine : nous en fîmes une galette que nous fîmes cuire sous la cendre. Notre festin, quoique bien modeste, attira pourtant des convives. L'adjudant-major et l'adjudant sous-officier, qui n'avaient rien à se mettre sous la dent, vinrent nous demander de partager notre repas. Nous avions grand faim, aussi nous n'attendîmes pas que la galette fût cuite; nous la mangeâmes en pâte en doublant les bouchées de fricot.

Nous finissions notre festin lorsque le premier coup de canon se fit entendre. L'adjudant-major courut reprendre son poste et l'adjudant, qui était un de mes pays, me fit ses adieux en m'embrassant, me disait-il, pour la dernière fois. Il avait le pressentiment qu'il n'en reviendrait pas. Pendant trois mois on le crut mort, mais il n'était que prisonnier. Moins heureux fut un de mes intimes amis, un sergent-major qui, lui aussi, avait des idées noires et qui nous répétait souvent qu'il ne verrait pas finir la campagne. Un boulet de canon le coupa en deux quelques minutes après que je lui eusse serré la main.

Dès les premiers coups de canon, la plupart de nos confrères s'empressèrent de repasser le Danube. Six de nous seulement restèrent avec l'armée; malheureusement pour nous, car si nous les avions suivis nous nous serions épargné bien des misères. Pour nous garantir des boulets nous nous retirâmes dans le village d'Essling. Au milieu du village, un aide de camp vint à moi et me demanda si je n'avais pas vu le maréchal Lannes. Un moment après, le prince Berthier arrivait au galop, demandant lui aussi, après le maréchal. A l'instant je le vis qui traversait un verger. Je le montrai au prince qui, piquant des deux, alla le rejoindre et le ramena pour le conduire à l'Empereur, qui était de l'autre côté du village. C'est la dernière fois que je devais voir le maréchal Lannes, qui, le lendemain, eut la cuisse emportée par un boulet et qui mourut quelques jours après à Vienne.

J'étais monté au grenier d'un bâtiment fort élevé qui servait de magasin de grains. De là, je découvrais tout le champ de bataille. Je pus constater que l'ennemi

avait des forces bien plus considérables que les nôtres. Les Autrichiens avaient trois
lignes l'une derrière l'autre, tandis que nous n'en avions qu'une, encore nous ne
garnissions pas tout notre terrain. Ils étaient bien cent mille contre nous trente mille,

mais des troupes débou-
chaient sans cesse des ponts
du Danube. Cela me rassura. J'étais loin de
me douter que les renforts dont nous avions
tant besoin allaient se trouver arrêtés par la rupture des ponts et que la grande
armée allait être coupée en deux. Comme les boulets menaçaient de venir me trouver
dans mon observatoire, je m'empressai de descendre. Je trouvai, en sortant, un bataillon qui venait occuper la maison. Il se livra là un terrible combat, qui ne fut pas

L'EMPEREUR ET SON ÉTAT-MAJOR

à notre avantage. Au bout de deux heures, le bataillon fut obligé d'abandonner sa position après avoir fait des pertes considérables.

Abandonnant le village, où il faisait trop chaud pour moi, je me dirigeai du côté du quartier général de l'Empereur, pensant que là je serais moins en danger, mais je n'y arrivai pas sans souvent baisser la tête, les boulets sifflant de tous côtés. L'Empereur et son état-major étaient dans un petit fond, près d'une tuilerie. Un général ou un maréchal — je ne pouvais d'où j'étais distinguer les insignes — était monté dans les bâtiments de la tuilerie et, de là, suivait les divers incidents de la bataille. Il en informait l'Empereur qui était au-dessous et qui, d'après cela, donnait des ordres qu'allaient porter dans toutes les directions, au triple galop, une nuée d'aides de camp. J'aurais bien voulu m'approcher plus près pour entendre ce que disait le patron, mais il ne fallait pas songer à franchir le cercle que formaient autour du quartier général les Chasseurs de la Garde. Un boulet, qui vint en ricochant s'enfoncer dans la terre presque à mes pieds, me fit abandonner la place et me guérit de ma curiosité. Je m'empressai de me mettre hors de portée du canon en me dirigeant vers le Danube.

Je trouvai là mes camarades, qui m'apprirent qu'ils avaient essayé en vain de franchir le pont qui était exclusivement réservé au passage des blessés. Il y avait en faction sur le pont un maréchal et plusieurs généraux qui avaient pour consigne de ne laisser passer aucun soldat valide. Avec de tels factionnaires il n'y avait pas à parlementer. Toute la rive était encombrée de blessés qui y avaient été déposés en attendant leur passage dans l'île. Tous ces blessés avaient fait sortir de l'armée beaucoup de soldats qui, pour se tirer du danger, se mettaient trois ou quatre pour porter un blessé. C'étaient ceux-là surtout qu'on voulait empêcher d'entrer dans l'île, d'où ils ne seraient plus sortis; mais on avait beau leur ordonner de rejoindre leurs corps, ils se faufilaient au milieu de la foule des blessés et augmentaient le désordre qui était à son comble lorsque la nuit vint.

Il n'y avait point de service d'ambulance organisé et on n'entendait partout que les cris des blessés appelant au secours. Mes camarades et moi nous nous mîmes en devoir de soulager autant que nous le pouvions les pauvres moribonds. Il y avait là un capitaine de grenadiers qui avait l'épaule emportée par un boulet. C'est par lui que je commençai, quoiqu'il n'y eût pas d'illusion à se faire sur son sort, mais le pauvre malheureux endurait de telles souffrances que je voulus essayer de le soulager. Je dépouillai de leurs chemises plusieurs morts qui étaient parmi les

blessés et, avec mon couteau, j'en coupai des bandes. Nous avions une gamelle
de fer blanc dans laquelle nous allâmes chercher de l'eau. Je lui lavai sa plaie, puis

je la lui bandai le mieux que je pus. Il se trouva un peu soulagé, mais ce ne pouvait
être pour longtemps.

Nous pansâmes ainsi pendant la nuit une vingtaine de blessés, mais notre plus grand
ouvrage fut de donner à boire à ces pauvres malheureux, à qui la soif faisait sortir
la langue de la bouche. Nous n'avions d'autre vase que notre gamelle qui nous servait
alternativement à panser leurs plaies et à leur donner à boire de l'eau toute boueuse.

On avait amené près de nous un convoi de blessés autrichiens. Plusieurs avaient des bidons. Je leur ordonnai d'aller les remplir et de donner à boire à leurs blessés, ainsi qu'aux nôtres, car nous ne pouvions pas suffire. Mais je m'aperçus bientôt qu'à la faveur de la nuit tous les prisonniers valides s'enfuyaient : il n'y avait personne pour les garder. Je résolus d'aller en prévenir un général qui était près du pont : mais le Danube venait de déborder et, pour arriver jusqu'au général, je fus obligé de me mettre à l'eau jusqu'aux genoux. Le général, qui était de fort mauvaise humeur, me reçut fort mal. « Qu'ils aillent au diable, me

répondit-il, cela ne me regarde pas », et il me tourna le dos. Je fus bien fâché de m'être mis à l'eau pour obtenir une si belle réponse. Je retournai près de mes camarades et toute la nuit se passa à soigner les blessés sans qu'aucun de nous songeât à dormir.

A la pointe du jour, je montai sur une petite éminence et je ne vis autour de moi qu'un amas de blessés couchés presque les uns sur les autres, sur la route, une foule de cavaliers et de fantassins qui cherchaient à gagner le pont ; mais la route était tellement encombrée que personne ne pouvait plus avancer. La crue du Danube ayant augmenté, les abords du pont étaient devenus impossibles. Il fallait attendre qu'on l'eût rendu de nouveau praticable. Sur ces entrefaites nous apprîmes que les ponts qui reliaient l'île Lobau à la rive droite avaient été emportés.

Cependant la bataille avait recommencé sur la rive gauche et le canon grondait avec plus de furie encore que la veille ; mais nous ne pouvions plus nous faire illusion sur l'issue du combat. Nous savions que Napoléon ne pouvait plus recevoir aucun secours : un corps d'armée tout entier était resté sur la rive droite, ainsi que le grand parc qui contenait toutes les réserves de munitions. Nous nous attendions donc à être faits prisonniers ou à être obligés de nous jeter dans le Danube. Pour moi, qui ne savais pas nager, je me faisais difficilement à cette dernière alternative. C'est dans ces idées fort peu gaies que la faim se fit sentir. Je n'avais pas mangé depuis bientôt vingt-quatre heures et l'eau que j'avais bue n'avait fait que m'affaiblir. Personne de nous n'avait un morceau de pain. Moi j'avais encore dans mon petit sac deux biscuits que je gardais précieusement depuis deux mois. Il fallut en sacrifier un. J'en distribuai un morceau à chacun de mes camarades, mais bien en cachette, car si les malheureux blessés m'avaient vu, ils m'auraient assailli de leurs demandes et il m'aurait été bien cruel d'entendre leurs supplications sans pouvoir y satisfaire.

Toutes nos préoccupations se portèrent sur les moyens d'atteindre le pont et de nous tirer le plus tôt possible de la bagarre. Je résolus de tenter l'aventure en suivant le même chemin que j'avais pris la nuit pour aller parler au général. Mais la crue du Danube avait augmenté et, pour arriver par là au pont, il aurait fallu me mettre à l'eau jusqu'au cou. Un certain nombre de blessés avaient déjà été entraînés par le courant ; je ne me souciais pas de suivre leur sort. J'essayai de prendre un chemin plus direct en enjambant de blessé en blessé. J'avais déjà fait un bout de chemin et je me trouvais parmi la foule, lorsqu'il vint une poussée qui me renversa

sur un pauvre blessé qui avait la jambe cassée. A peine relevé, je fus jeté sur un
autre. Les plaintes déchirantes des pauvres malheureux qu'on foulait ainsi aux pieds
me firent tant de peine que je renonçai à continuer l'aventure et que je retournai
près de mes camarades. Je remontai en observation sur un petit monticule et
j'aperçus de l'autre côté du pont une barque qui passait des militaires. Je me dirigeai

de ce côté et, après avoir failli plusieurs fois être étouffé dans la foule, je parvins
à peu de distance de la barque. Mais je m'aperçus qu'elle ne passait que des officiers
ayant des jambes ou des bras cassés.

Sur ces entrefaites, l'Empereur arriva pour s'assurer par lui-même si l'on
pouvait rétablir les communications entre la rive droite et la rive gauche. Sa
présence ramena un peu d'ordre dans la cohue qui se pressait sur le chemin du
pont. Des Chasseurs et des Grenadiers à cheval de la Garde en gardaient les abords.

Je remarquai que leurs chevaux n'avaient de l'eau que jusqu'au ventre. J'entrai dans l'eau et je me faufilai tout doucement entre les chevaux ; puis, arrivé près du pont, je mets ma main sur la croupe d'un cheval et je saute sur le pont. Je passe devant trois ou quatre habits brodés que je salue très humblement et qui me laissent passer sans dire mot.

Ce n'était pas sans tribulations de toute espèce que j'avais pu enfin aborder dans l'île Lobau. Arrivé à l'autre bout du pont et bien content, je fis signe à mes camarades qui attendaient le résultat de ma tentative pour suivre le même chemin. Nous ne tardâmes pas à être réunis et nous nous mîmes en route pour gagner l'autre pont. Quelle ne fut pas notre surprise lorsque, étant arrivés, nous vîmes que le pont n'était pas encore rétabli. Comme aux abords de l'autre pont, mais dans un espace moins resserré, il y avait là une grande quantité de blessés et de mourants couchés par terre, sans soins d'aucune sorte et attendant qu'on les transportât sur la rive droite. Nous trouvâmes là beaucoup de soldats de notre régiment, qui avait été fortement éprouvé. Ils nous demandèrent comment cela allait de l'autre côté. Pour ne pas les attrister, nous leur disions que tout allait bien.

En attendant que le pont fût réparé, j'allai faire ma découverte dans l'île. J'y trouvai l'Empereur, qui avait l'air fort ennuyé et qui allait souvent voir si le pont était terminé. C'était aussi l'objet de mes préoccupations, car j'avais le pressentiment que nous ne sortirions pas de sitôt de l'île Lobau, et ce qui me tranquillisait peu, c'est que l'on racontait que, dans la guerre avec les Turcs, les Autrichiens avaient fait mourir de faim dans cette île toute une armée turque. Lorsqu'il n'y eut plus que deux barques à placer et que l'on fut sûr que le pont allait s'achever, nous prîmes deux blessés de notre régiment qui avaient la jambe cassée et nous les approchâmes le plus près que nous pûmes du pont ; mais nous en étions encore assez éloignés, car il y en avait des quantités arrivés avant nous et qui occupaient un espace considérable. Il nous fallut encore attendre une heure pour que le pont fût terminé. A peine était-il ouvert et les premiers blessés engagés sur le pont qu'une nouvelle catastrophe vint arrêter le passage.

Un bateau chargé de pierres, lancé par les Autrichiens des îles qui se trouvent au-dessus de l'île Lobau, vint, par un fort courant, se heurter contre notre pont qui, sur le coup, fut emporté. Aux cris de sauve qui peut, le pont qui était alors encombré de blessés donna le spectacle le plus affligeant. Ces malheureux blessés, abandonnés de ceux qui les portent, jettent des cris déchirants, retrouvent cependant

des forces pour échapper au danger. Tel qui, un moment auparavant n'aurait pu
faire un pas, se met à courir pour arriver dans la petite île ou pour retourner dans
l'île Lobau. Tous couraient et, chose extraordinaire, tous furent sauvés. Il ne restait
plus sur le pont, au moment où il fut emporté, que six pontonniers qui étaient
restés pour tâcher d'arrêter la barque de pierres. Ils
furent emportés sur les débris du pont, mais le courant
les fit échouer sur la rive droite, que nous occupions,
de sorte que personne ne périt, mais nous restions bloqués dans l'île, sans vivres et sans espoir d'en avoir
d'ici longtemps.

Tout le monde était
dans la consternation,
depuis l'Empereur jus-
qu'au dernier soldat. On
ne se gênait pas pour
lancer des épigrammes
contre Napoléon et son
état-major qui, avertis
par une première catas-
trophe, n'avaient pas su
en éviter une seconde.
Mais des épigrammes
ne pouvaient remplacer
la nourriture et j'avais
l'estomac bien vide et
le corps bien faible. Il
me restait la moitié d'un
biscuit. Je le partageai
avec mon camarade, ce
qui ne fit qu'aiguiser

mon appétit; puis j'allai à la découverte. Je trouvai des soldats qui étaient en train
de dépecer un superbe cheval de cuirassier. Je me mis de la partie et, comme
j'avais un bon couteau, je parvins à enlever un bon morceau de la cuisse. Je courus
montrer à mes camarades ma provision qu'ils auraient prise pour de la viande de

bœuf si j'en avais enlevé la peau. Il s'agissait de la faire cuire. Pour cela, il fallait un vase quelconque et nous n'avions rien. On chercha et l'un nous apporta une espèce d'arrosoir qu'il avait trouvé sur le sac d'un soldat mort. Nous fîmes du feu et au bout de deux heures nous nous mîmes à manger notre viande à moitié cuite et sans sel. Ce n'était pas bon et j'en mangeai bien à contre-cœur, mais la faim fait surmonter bien des dégoûts.

Pendant la nuit, toute l'armée qui avait combattu pendant deux jours à Essling rentra dans l'île ; Napoléon, privé de ses réserves et de ses munitions, avait été obligé de donner l'ordre de battre en retraite. Dès le matin, j'allai voir mon colonel qui était éreinté. Il était tombé deux fois de cheval et il ne pouvait plus se tenir debout. Il me dit que son régiment avait beaucoup souffert et que ses deux bataillons avaient eu beaucoup de blessés. Il m'apprit la mort de plusieurs de mes amis et en particulier de l'adjudant qui avait déjeuné avec moi le premier jour de la bataille d'Essling. On avait trouvé son schako percé d'une balle à la hauteur du front. C'est ce qui avait fait croire à sa mort; mais il n'était que prisonnier. En portant un ordre, au milieu de la nuit, au second bataillon, il s'était trouvé enveloppé par de la cavalerie autrichienne et, dans la bagarre, il avait perdu son schako qui, par terre, avait reçu une balle, ce qui avait fait croire à la mort de son propriétaire.

Toute l'armée était réunie dans l'île ; c'était une fourmilière de soldats et, pour nourrir tout cela, pas une miche, rien que de la viande de cheval. Nos malheureux soldats qui venaient de se battre pendant deux jours de suite furent obligés, pour ne pas mourir de faim, d'abattre une partie de leurs chevaux de selle et de trait. Quant aux pauvres blessés, la moitié au moins succomba faute de secours. On nous avait annoncé que nous allions recevoir des barques de pain, aussi j'étais souvent au bord du Danube pour voir si elles n'arrivaient pas. Sur le tantôt, j'aperçus à travers les arbres un pavillon tricolore qui paraissait s'avancer sur l'eau. J'en avertis un général qui, avec sa longue-vue, distingua que c'était une barque de pain qui se dirigeait de notre côté. A cette nouvelle, ce furent des cris de joie sur toute la rive. Mais il fallut prendre de grandes précautions pour le débarquement ; car sans cela tout eût été vite pillé par la foule des affamés. Cependant, en triplant la garde et les factionnaires, on parvint à faire la distribution par régiment. Mais la part de chacun n'était pas lourde. On donnait un pain pour douze hommes. Heureusement que notre camarade qui alla à la distribution put se faire donner deux pains pour toute la musique, en affirmant que nous étions tous présents alors que nous n'étions plus que six. Le pain arriva au moment où nous allions sortir notre morceau de cheval de la marmite. Un soldat nous avait donné du sel à la condition de partager notre repas. Le bouillon avait bonne mine et bonne odeur. Nous résolûmes de tremper une soupe.

Nous avions toujours notre gamelle qui nous avait servi à panser les plaies des blessés : elle nous servit de soupière. Cette soupe, bien chaude, nous réconforta délicieusement et nous permit d'épargner notre pain qu'il fallait ménager. Aussi chacun gardait son pain quand on en avait comme la prunelle de ses yeux. Celui qui avait l'imprudence de laisser son sac pour aller se promener était certain de ne plus trouver à son retour le pain qu'il y avait mis. J'ai vu rouer de coups et laisser presque mort un prisonnier autrichien qui avait volé un morceau de pain sur le sac d'un soldat qui dormait. Il était bien excusable cependant, parce qu'on n'avait fait aucune distribution aux prisonniers depuis qu'ils étaient dans l'île. J'en vis qui mangeaient de l'herbe et d'autres qui râclaient avec un couteau les os de cheval que nos soldats avaient abandonnés après en avoir ôté la viande.

Je n'avais pas dormi depuis deux ou trois jours, je voulus prendre un peu de sommeil. Je me couchai au pied d'un arbre, ayant mon petit sac pour oreiller, afin de garantir le morceau de pain qui me restait. Au bout d'une demi-heure, je fus réveillé par des coups de fusil et, voyant beaucoup de soldats courir, je me mis à courir aussi. J'assistai alors à une chasse fort inattendue, une chasse au cerf. Il y avait dans l'ile un parc clos de palissades. Ces palissades ayant été en partie enlevées par les soldats pour faire du feu, une troupe de cerfs s'échappa par une brèche et fit invasion dans le camp. Accueillis à coups de fusil et poursuivis de toutes parts, ils se jetèrent à l'eau et c'était vraiment un joli coup d'œil de voir tous ces cerfs portant majestueusement leurs bois et nageant comme des canards. Quelques-uns tombèrent sous les coups de nos soldats, mais le plus grand nombre s'échappa sur la rive gauche du Danube. Tout le parc, qui appartenait, disait-on, à l'ambassadeur de Russie et qui, pour cette raison, avait été épargné pendant quelques jours, fut bientôt nettoyé de tout son gibier. Il ne contenait qu'une maison, celle du garde, qui fut occupée par le maréchal Masséna, qui commandait notre corps d'armée.

J'allais souvent me promener aux bords du Danube pour voir s'il n'arrivait point quelques bateaux de vivres et aussi pour m'assurer si les travaux du pont avançaient. Il n'était rien resté de l'ancien et, par tous les moyens, l'ennemi cherchait à en entraver la reconstruction. Il lançait de tous les bras du Danube, au-dessus de l'ile Lobau, des engins de toutes sortes, bateaux chargés de pierres, brûlots, radeaux ayant à leur avant des faux tranchantes, pour couper les amarres du pont. Un moulin tout entier fut amené par le courant. Mais, instruits par l'expérience, nos pontonniers ne se laissaient plus surprendre. Des marins avaient été postés, de distance en distance, dans des barques en amont du pont. Ils jetaient des grappins sur tout ce qui descendait le Danube et venaient l'amarrer le long des rives. Grâce à ces précautions, on put travailler tranquillement au pont. Pourquoi n'avait-on pas pris ces précautions quelques jours plus tôt ?

Etant sur la rive, j'assistai à une scène assez curieuse. Un valet de pied de l'Empereur, monté sur une petite nacelle, vint aborder dans l'ile pour y chercher le portefeuille de l'Empereur. Celui-ci avait repris sa résidence au château de Schœnbrunn. Deux généraux, qui se promenaient sur les bords du Danube, voulurent s'emparer de la nacelle et forcer les bateliers à mettre au large, mais ceux-ci refusèrent, disant qu'ils attendaient le portefeuille de l'Empereur et qu'ils

LA CHASSE AUX CERFS.

(Page 148.)

ne partiraient pas sans cela. Sur ces entrefaites arriva le valet de pied qui intima l'ordre aux généraux de sortir de la nacelle. Ceux-ci essayèrent de résister en disant, ce qui était vrai, que la nacelle pouvait porter facilement cinq ou six hommes, mais ils eurent beau dire, il fallut céder la place au valet, ou plutôt à son portefeuille.

Nous étions toujours au régime de la viande de cheval N'ayant plus de sel, un de nos camarades chargé du pot-bouille, eut l'idée de le remplacer par deux ou trois cartouches, le salpêtre de la poudre devant tenir lieu de sel. Je ne goûtai point ce genre d'assaisonnement. Le bouillon était comme du cirage et j'eus beau gratter la viande pour enlever la couche de noir, il me fut impossible de l'avaler. Je fus forcé de manger mon pain sec. En faisant une tournée dans le camp, nous parvînmes à nous procurer presque la moitié d'une cuisse de cheval qui avait une mine charmante : on la mangeait des yeux ; et avec cela, ce qui était aussi précieux, une bonne poignée de sel. Nous voilà de nouveau à mettre notre arrosoir au feu avec beaucoup de viande et peu d'eau, pour que ce fût plus vite cuit. Mais il fallut rester plusieurs en faction autour de la marmite, sans quoi elle nous aurait été volée.

Sur ces entrefaites, le pont s'achevait. Dès que les communications furent rétablies, nous vîmes arriver nos camarades qui étaient retournés à Vienne avant la débâcle. Ils nous apportaient des vivres, du pain, de l'eau-de-vie. Je n'ai pas besoin de dire avec quelle joie le tout fut reçu. Nous fîmes un bon repas et une bonne goutte d'eau-de-vie nous fit presque oublier nos misères. Des vivres en abondance arrivèrent au camp et l'on fit évacuer les malades, les blessés et tout ce qui ne devait pas rester dans l'île.

Tout notre corps d'armée garda ses positions dans l'île Lobau ; mais les soldats, quoique les distributions de pain, viande, eau-de-vie et même de vin fussent abondantes, ne voulurent pas s'en contenter. Ils passèrent en grand nombre sur la rive droite et, allant en maraude, rapportèrent au camp de la volaille, des moutons, des barriques de vin. Ce fut alors une véritable bombance. Aux jours de misère succédaient des jours de joies et, dans tout le camp, on n'entendait plus que des chants joyeux. Mais la bombance ne fut pas de longue durée. On mit des factionnaires au pont et personne ne put désormais passer qu'avec une permission.

Comme je prévoyais bien que nous ferions un long séjour dans l'île Lobau, je me mis en devoir de faire une baraque. Personne ne voulut m'aider : mon camarade lui-même se moquait de moi, disant qu'il était inutile de se donner tant de peine

pour le peu de temps que nous avions à rester. Il se trompait, car nous sommes
restés dans l'île quarante-trois jours. Je me procurai dans les chantiers des travaux

du pont une pelle et une pio-
che. Je creusai un trou de huit
pieds de long, quatre pieds
de large et un pied et demi
de profondeur. Avec des branchages entrelacés je fis les
murs de mon habitation et je
recouvris la charpente du toit
d'un grand drap plié en quatre

que j'avais trouvé dans le bivouac de la cavalerie et qui avait servi à être mis sur le
dos d'un cheval blessé. Il ne me restait qu'à me procurer un lit. J'allai ramasser des
feuilles sèches et du houblon sauvage et j'en fis un épais tapis sur lequel je m'étendis
et fis un bon somme, jusqu'à ce que mon camarade vînt me réveiller pour souper.

Lorsqu'il me vit si bien installé, il eut bien regret de ne m'avoir pas aidé, car
il craignait que je lui défendisse l'entrée de mon palais. Aussi, pour m'amadouer,

L'OBSERVATOIRE.

comme il avait passé la journée au jeu et que sa fortune lui avait été favorable, il alla acheter à une cantinière quelques bouteilles de vin et un beau morceau de fromage. Un autre camarade apporta une bonne goutte et, après avoir arrosé copieusement notre baraque, nous nous y couchâmes tous trois. Il y avait longtemps que nous n'avions si bien reposé.

Le lendemain, j'enjolivai encore mon habitation, en élevant sur le devant un petit berceau et, de chaque côté, deux bancs de gazon que j'avais soin d'arroser tous les jours afin de les conserver bien verts. Enfin, je m'imaginai de creuser un puits avec quatre soldats de corvée que je demandai à l'adjudant-major. J'eus un puits d'eau très claire où, le lendemain, toute la division vint puiser, mais je payai cher l'imprudence que j'avais faite de rester trop longtemps les jambes dans l'eau très froide. Je fus pris de douleurs qui, pendant huit jours, m'empêchèrent de marcher. J'employai ce temps à embellir mon château : on venait le voir par curiosité. Le mameluck de l'Empereur, lui-même, m'en fit ses compliments.

Lorsque je fus guéri de mes douleurs et que je pus marcher, j'allai faire une tournée dans l'île. J'y trouvai bien du changement. On travaillait à élever des batteries de tous côtés, et on construisait de nouveaux ponts sur pilotis où trois voitures pouvaient traverser de front. Tous les ponts étaient protégés par des estacades assez fortes pour arrêter toutes les machines incendiaires. Toute l'île était devenue une véritable place forte, défendue par plus de cent pièces de grosse artillerie. Tous les travaux s'exécutaient avec une rapidité extraordinaire sous les yeux de l'Empereur, qui, tous les jours, venait s'assurer par lui-même de l'exécution de ses ordres et surveiller les travaux des Autrichiens qui, eux aussi, élevaient sur la rive gauche des retranchements formidables. On avait établi au milieu des arbres une grande échelle du haut de laquelle on pouvait découvrir toute la plaine. L'Empereur y montait souvent pour étudier les travaux de défense des Autrichiens. Un jour qu'il y était monté, un factionnaire qui ne voyait pas l'échelle et qui croyait que c'était un soldat qui était monté dans un arbre menaça d'abattre d'un coup de fusil l'oiseau trop haut perché. Il ne faisait qu'exécuter sa consigne, et si l'on ne se fût pas empressé de prévenir l'Empereur, un grand malheur serait arrivé. Que serions-nous devenus si, dans les circonstances où nous étions, l'Empereur avait été tué !

On se canonnait de temps en temps de part et d'autre, mais sans se faire beaucoup de mal et seulement pour entraver l'ouvrage des travailleurs. Ayant remarqué que l'on ne tirait jamais sur les soldats isolés, l'Empereur prit la capote d'un soldat et, une pelle sur l'épaule, alla se promener jusque près des avant-postes de l'ennemi, pour examiner leurs travaux. Puis il s'en retourna tranquillement, remit la capote au soldat en lui donnant la pièce.

L'envie nous était venue de revoir Vienne et de faire un bon repas ; nous nous fîmes donner une permission pour quatre et nous allâmes passer la journée dans la capitale. Je ne sais si la disette de pain se faisait encore sentir, mais nous fûmes obligés, au restaurant, de nous fâcher pour obtenir du pain en quantité suffisante ; il est vrai que les Allemands mangent plus de viande que de pain. Nous trouvâmes la ville un peu plus vivante que la première fois ; mais elle n'était pas gaie et cela se conçoit ; depuis bientôt

deux mois les Viennois n'étaient plus leurs maîtres, c'étaient les Français qui commandaient chez eux.

En rentrant au camp, nous ramassâmes chacun une botte de paille pour remplacer les feuilles sèches qui nous servaient de couchette et qui commençaient à

se réduire en poussière. Nous eûmes alors un excellent lit, dont malheureusement
nous ne pûmes jouir longtemps. On nous annonça que la Garde impériale allait venir
nous remplacer, et quelques jours après on vint dresser la tente de l'Empereur trop
près de ma baraque pour que je pusse compter y rester. En effet, le 1er juillet,
Napoléon vint s'installer dans l'île avec tout le quartier général. Il fallut déguerpir.
On avait défendu de toucher aux baraques et j'abandonnai la mienne avec bien du
regret. Les maréchaux étaient venus la voir et avaient admiré surtout le puits qui
avait été si utile à toute la division. Le maréchal Duroc voulut en goûter l'eau. A
défaut de verre en cristal, je lui en offris dans un gobelet de fer blanc. Il la trouva
fort bonne. Un des maréchaux se mit à plaisanter en regardant ma baraque. « On se
croirait ici au Palais-Royal, dit-il, car voilà le café du Caveau. » Toujours est-il
qu'elle excitait bien des convoitises parmi les grosses épaulettes. Ce fut le maréchal
Duroc qui s'en empara pour en faire son logement.

J'emportai ma paille et ma toile, et je transportai mes pénates plus loin. J'eus
bientôt creusé et fabriqué, avec des branchages et ma toile, une nouvelle baraque;
mais je n'y donnai pas autant de soin qu'à la première, c'était bien inutile, car tout
annonçait que le branle allait commencer. Tous les jours de nouvelles troupes arrivaient dans l'île. Il y en avait de toutes les couleurs, des Bavarois, des Wurtember-
geois, des Hessois, des Saxons. Ma nouvelle baraque étant située sur la route qui
joignait les deux ponts, je vis défiler tout cela. Je vis passer mon ancien régiment où
je retrouvais quatre de mes anciens camarades. Je les arrêtai pour leur faire boire
un coup. J'avais un de mes amis qui était garde magasin des liquides, et grâce à
lui j'avais toujours ma gourde pleine. J'allai le trouver, et comme c'était lui-même un
ancien musicien, il me donna pour traiter mes collègues un grand baquet qui
contenait au moins quarante bouteilles. Mais ça ne dura pas longtemps. Un invité
en amenait un autre, et comme j'étais assez connu, tant dans la grande armée que
dans l'armée d'Italie, la société fut bientôt nombreuse, et l'on ne se sépara que
lorsqu'il n'y eut plus de vin. Chacun alors alla rejoindre son corps.

Dans la nuit du 4 au 5 juillet, vers dix heures du soir, notre division reçut ordre
de prendre les armes. On rassembla tous les voltigeurs et les grenadiers de la
divison; on les fit monter sur des barques et ils abordèrent l'autre rive sans obstacle.
Mais à peine étaient-ils débarqués que toutes les batteries françaises et autrichiennes
ouvraient leur feu : la terre en tremblait sur plus d'une lieue de circonfé-
rence. Bientôt la petite ville d'Enzersdorf, sur les bords du Danube, fut tout

en feu, et lorsque le clocher brûla, on y voyait dans l'île comme en plein midi.

.   Sous la protection de nos canons, trois ponts d'une seule pièce qui étaient tout préparés sont jetés d'une rive à l'autre, une demi-lieue au-dessus de l'endroit où s'était effectué le premier passage

et où les Autrichiens avaient accumulé tous leurs moyens de défense. Toute l'armée se précipita alors sur les ponts, et au lever du jour, elle était tout entière rangée en bataille au delà des retranchements des Autrichiens qui furent obligés de les abandonner pour battre en retraite sur Wagram.

LE DÉFILÉ DES ALLIÉS.

[Page 134.]

Par ordre de leurs chefs, la plupart des musiciens devaient rester dans l'ile jusqu'à ce que le passage fût complètement terminé. J'assistai donc au défilé de toutes les troupes. Je n'en avais jamais tant vu. Toute la Garde Impériale était là en grande tenue, comme pour la parade. Le défilé de l'artillerie semblait interminable. Cependant Napoléon avait fait distribuer deux pièces de canon dans chaque régiment d'infanterie, et pendant notre séjour dans l'ile on avait exercé une compagnie à la manœuvre du canon. Je vis bien défiler devant moi au moins cinq cents pièces d'artillerie.

Le lendemain 6 juillet, au lever du soleil, nous entendîmes gronder le canon. C'était la bataille de Wagram qui commençait. Sur les neuf heures nous allions nous mettre en route pour rejoindre notre régiment, lorsque nous vîmes déboucher des ponts une masse de fuyards criant : « En retraite ! en retraite ! » Ce fut alors une panique générale dans toute l'ile Lobau. Les cantiniers, les musiciens, les infirmiers, toute la foule des non combattants, le parc des bœufs, les vivres, l'ambulance, tout cela se mit à courir en désordre du côté des ponts de la rive droite. On se rappelait la première retraite et on ne se souciait pas d'être de nouveau renfermé dans l'ile.

Pour moi, je n'étais pas trop effrayé ; car, entendant gronder le canon à deux ou trois lieues de nous, il me paraissait improbable que l'armée fût en retraite. J'essayais, mais inutilement, de rassurer les fuyards, lorsque je vis un général, arrivant au galop, écumant de colère, criant à la foule de s'arrêter mais n'y pouvant parvenir. Il arriva cependant à temps pour arrêter le parc d'artillerie qui était tout attelé et prêt à se mettre en retraite, mais il avait beau prodiguer les coups de plat de sabre, il ne pouvait arrêter les fuyards. Un hasard fit plus que lui. Un caisson énorme de vivres versa à l'entrée du retranchement qui formait la tête du pont. On ne pouvait plus passer qu'en franchissant les palissades, ce qui n'était pas commode. Plusieurs qui l'essayèrent furent blessés. Le général profita de ce moment pour mettre fin à cette fuite insensée. Il rallia quelques cavaliers et, à leur tête et à l'aide de coups de plat de sabre, il parvint à faire reprendre à chacun son poste. Il était temps, car la panique eût pu gagner l'armée, et Dieu sait ce qui aurait pu en résulter.

Un seul de mes camarades était resté avec moi. Nous retournâmes à notre baraque. A côté était la baraque d'un cantinier qui avait été un des premiers à se sauver. Il avait laissé sa marmite au feu et une casserole pleine de fricot. Ne sachant s'il reviendrait, nous nous emparâmes de sa cuisine et, achevant de faire cuire la viande, nous fîmes un excellent souper. Nous venions de finir lorsque nous vîmes arriver la cantinière. Elle se précipita dans sa baraque comme une folle. Elle y avait

22.

oublié sa bourse qui était fort dodue, et comme elle la retrouvait intacte, elle ne se
connaissait plus de joie. Au lieu de nous faire des reproches d'avoir mangé ses

provisions, elle nous remercia d'avoir ainsi gardé sa baraque et par conséquent sa
bourse. Son mari arriva un moment après avec sa voiture. Elle en tira plusieurs
bouteilles de vin qu'elle nous offrit. Elle nous aurait donné, je crois, toute sa mar-
chandise tant elle était contente d'avoir retrouvé son argent.

Tous nos confrères ayant regagné le camp, nous nous mîmes en route pour rejoindre notre division. Nous la trouvâmes au repos. Elle avait tellement donné la veille et toute la matinée que les soldats étaient harassés. La bataille était alors dans toute sa force. On ne distinguait plus les coups de canon. C'était un roulement continuel produit par les détonations d'un millier de pièces. Le sol en tremblait et c'était à en devenir sourd.

L'instant décisif approchait. Notre division fut lancée en avant. Les Autrichiens lâchaient pied sur toute la ligne et bientôt ils se mettaient en pleine retraite. Nos soldats les poursuivaient la baïonnette dans les reins pendant trois lieues, faisant quantité de prisonniers. Mais la fatigue arrêta la poursuite, et toute l'armée qui avait combattu presque sans interruption pendant plus de quarante heures, reçut l'ordre de coucher sur le champ de bataille.

TABLE
DES MATIÈRES

PAGES

FRONTISPICE.

INTRODUCTION.   I

I. — *UN VOLONTAIRE DE 1792*, d'après les mémoires de JEAN-FRANÇOIS GODARD,
   soldat au 7ᵉ bataillon des Fédérés nationaux   1

   ILLUSTRATIONS. — La place de Landrecies   1
      A l'hôtel des Ambassadeurs.   1
      L'enrôlement des volontaires, en regard de la page.   2
      La marche du bataillon   3
      La bénédiction du drapeau, en regard de la page.   4
      Tirailleurs dans les bois   6
      En faction   8
      L'exercice au couvent des Récollets   10
      Grand' garde sur les rochers   12
      La poursuite des hussards   13
      Retraite sous le feu, en regard de la page.   14
      L'avertissement.   15
      Rentrée au camp, en regard de la page.   16
      Au bivouac   17
      Sous Maubeuge.   19
      Le bataillon carré, en regard de la page.   20
      Destruction des redoutes autrichiennes   22
      Le pain des Autrichiens   24
      Artillerie légère.   25
      Incorporation des Bretons   27
      La prise du canon, en regard de la page.   28

La charge. . . . . : 31
Le parlementaire 32
Landrecies en flammes, en regard de la page. 32
Le conseil municipal 34
La sortie de la garnison, en regard de la page. 36
Sur le Danube 37
Le tombereau des morts 39
Il retrouve sa mère. 41

II. — *LES AÉROSTATS AUX ARMÉES DE LA RÉPUBLIQUE*, d'après les mé-
moires de M. le baron DE SELLE DE BEAUCHAMP lieutenant, au corps des
aérostiers. 43
ILLUSTRATIONS. — La place de Maubeuge 43
Départ des conscrits. 43
Construction des fourneaux, en regard de la page. 44
La sortie 46
Le bal. 48
Les fourneaux 50
Première ascension, en regard de la page. 50
Transport de l'aérostat 53
Le moulin de Jumey 55
Fleurus, en regard de la page. 56
La déroute 57
Ascension devant Mayence 59
Galanterie aérostatique, en regard de la page. 60
Le moine 62
Suite de l'ascension avec un moine. 64
La retraite , en regard de la page. 64
Arrivée de Jourdan. 66
L'aide de camp de Jourdan 68
L'Entreprenant 69

III. — *NICOPOLIS (1799)*, d'après les mémoires de M. CAMUS, baron de RICHE-
MONT, lieutenant du génie 71
ILLUSTRATIONS. — Le golfe de Nicopolis 71
L'officier du génie. 71
Reconnaissance du terrain 73
Les travaux, en regard de la page. 74
Les fouilles 75
Première attaque 78
La charge, en regard de la page. 78
Canons encloués 80
A l'aqueduc 82
Dernier combat, en regard de la page. 82
Le prisonnier 85
Les renforts, en regard de la page. 86

La bombarde.   88
La batterie de Camus.   89

IV. — *MARENGO (1800)*, d'après les mémoires de Joseph Petit, grenadier à cheval
de la garde des Consuls.   91

Illustrations. — Le village de Marengo   91
Grenadier à cheval.   91
Le feu de bivouac du Consul, en regard de la page.   92
La charge des grenadiers à pied   94
Le Consul au feu   96
Le défilé.   97
Bonaparte et la division Desaix, en regard de la page.   98
Arrivée de Desaix 100
La charge de Murat 101
Charge des grenadiers à cheval, en regard de la page. 102
Le quartier général après la victoire. 104
Retour à Milan 105

V. — *AUSTERLITZ (1805)*, d'après les mémoires du lieutenant Sibelet, adjudant-
major au 11ᵉ chasseurs à cheval. 107

Illustrations. — Le champ de bataille d'Austerlitz. 107
Un chasseur du 11ᵉ. 107
Hollabrünn. La bataille dans la nuit, en regard de la page. 108
Le village des réfugiés de l'Edit de Nantes. 110
Lecture de la proclamation de l'Empereur 112
La grande charge. 114
Les trophées. 115

VI. — *SOMO-SIERRA (1808)*, d'après les souvenirs du colonel Niegolewski, ex-
sous-lieutenant aux chevau-légers de la Garde 117

Illustrations. — La Somo-Sierra 117
En tête de la troupe 117
Première revue de l'Empereur, en regard de la page. 118
L'officier maladroit. 120
Les moutons. 122
Un chevau-léger peu gêné 123
Rôti manqué. 125
La charge des chevau-légers, en regard de la page. 126
Un miracle 128
Arrivée de l'Empereur, en regard de la page. 128
Les voltigeurs 130
Le grand Maréchal à l'ambulance 132
Après Wagram. 133

VII. — *L'ILE LOBAU (1809)*, d'après les mémoires de Philippe-René Girault,
musicien d'état-major 135

Illustrations. — L'île Lobau. 135
Musicien d'état-major 135
L'Empereur sur le pont, en regard de la page. 136
Dans le moulin 138
L'Empereur et son état-major, en regard de la page. 138
Girault secourant les blessés 140
Pour arriver au pont 141
La rupture des ponts 143
La popote. 145
La barque de pain 147
Chasse aux cerfs , en regard de la page. 148
Construction de la hutte 150
L'observatoire, en regard de la page. 150
L'eau du puits 152
Les tentes de l'Empereur. 154
Défilé des Alliés, en regard de la page. 154
Défilé de l'artillerie. 156
Le déjeuner des musiciens 157

LES AVENTURES DE GUERRE

1792-1809

Ont été imprimées et les planches en ont été

GRAVÉES ET TIRÉES

PAR BOUSSOD, VALADON ET Cⁱᵉ

A Asnières-sur-Seine

En novembre 1894